Reinhard Scheerer
Seelsorge und/oder Psychotherapie
Eine (Er)Klärung

Reinhard Scheerer

Seelsorge und/oder Psychotherapie?

Eine (Er)Klärung

2., überarbeitete Auflage

Zu diesem Buch:
Zunächst galten Seelsorge und Psychotherapie als je eigene, grundsätzlich voneinander unterschiedene Disziplinen, die sich gerade deshalb bei Bedarf miteinander verbinden ließen. Das hat sich seit den siebziger Jahren des 20. Jahrhunderts grundlegend geändert. Da ist auf der einen Seite - in der seinerzeit so genannten neuen Seelsorgebewegung - Seelsorge mit Psychotherapie geradezu identifiziert worden, während von evangelikaler Seite hier eine Konkurrenz in wechselseitiger Ausschließlichkeit diagnostiziert wurde. Daran hat sich bis heute kaum etwas geändert. Die vorliegende Studie zeichnet diesen Wandel nach. Und sie lädt dazu ein, die in dieser Auseinandersetzung vorgebrachten Argumente noch einmal zu überdenken. Denn sie verfolgt kein historisches, sondern ein systematisches Interesse und zielt auf eine sachliche Klärung der Frage, „Seelsorge und/oder Psychotherapie?", in seelsorglicher und psychotherapeutischer Verantwortung.

Der Autor:
Dr. Reinhard Scheerer war lange Jahre als theologischer Lehrer tätig, zunächst als Dozent für neuere Kirchengeschichte an der Freien Universität Norddeutschland in Seevetal bei Hamburg, dann als Professor für Theologie und Philosophie am Nile Theological College in Khartum. Seit seiner Rückkehr aus dem Sudan arbeitet er als Heilpraktiker für Psychotherapie in eigener Praxis in Kaltenkirchen/Holstein.

Herstellung und Verlag:
Books on Demand GmbH, Norderstedt
ISBN 978-3-8391-8092-1

Inhaltsverzeichnis

Einführung

Seelsorge und / oder Psychotherapie, das ist heute eine lebhaft diskutierte Frage. Dabei ist es noch gar nicht so lange her, dass es so etwas wie eine nahezu selbstverständlich anmutende Übereinstimmung gab – in doppelter Hinsicht: (1) Lebensberatung ohne geistliche Zielsetzung ist keine Seelsorge; und (2) Unter dieser Voraussetzung schließen sich Seelsorge und Psychotherapie jedenfalls im Grundsatz nicht wechselseitig aus. Ich halte diese gänzlich unaufgeregte Sicht, wie sie zum Beispiel von Theodor Bovet, Adolf Köberle, Christa Meves und anderen vertreten worden ist, auch heute für richtig und möchte das im Folgenden begründen. Aber wie das so ist: Solche Überzeugungen entstehen nicht im luftleeren Raum, sondern vor dem Hintergrund einer Biografie - und deswegen fange ich am besten damit an, dass ich mein Theologiestudium an der Kirchlichen Hochschule Bethel begonnen habe. Bethel, genauer: die Bodelschwingh' schen Anstalten in Bethel, sind die wohl größte diakonische Einrichtung zur Behandlung und Pflege psychisch Kranker in der alten Bundesrepublik. Mit einem ausgewiesenen Forschungsschwerpunkt „Epilepsie". Und da gehörten Psychologie-Vorlesungen ganz selbstverständlich mit zum Theologiestudium. Vom ersten Semester an. Die in den verschiedenen Krankenhäusern in Bethel tätigen Ärzte haben das unterrichtet; ich erinnere mich noch gut daran. Das war Anfang der siebzigerer Jahre; da war gerade die Gesprächspsychotherapie nach Carl Rogers „in". Und gehörte deshalb ganz natürlich auch in die Seelsorgeausbildung. Später war es dann die themenzentriert-interaktive Methode nach Ruth Cohn; schließlich sollten wir immer auf dem neuesten Stand sein. Beide Verfahren setzen eines voraus - Selbsterfahrung, Selbsterfahrung, und noch einmal Selbsterfahrung. Und so gehörte auch das ganz selbstverständlich mit zu meinem Stundenplan.

Was habe ich damals nicht alles gelernt - und woran habe ich mich damals nicht alles gestoßen! Das fing schon bei den Etiketten an; denn beide, Rogers und Cohn, gehören einer psychotherapeutischen Richtung an, die sich selbst als „humanistisch" bezeichnet. Und Humanismus, das war auch damals schon in manchen Kreisen ein Schimpfwort! Noch schlimmer wurde es, als die Selbstverwirklichung als ein Kernziel dieser Methode vorgestellt wurde. Da schrillten bei vielen meiner Studienkolleginnen und -kollegen endgültig die Alarmglocken. Und sie protestierten, die einen lauter, die anderen leiser: Nicht ich, sondern Christus in mir, nicht Selbstverwirklichung, sondern Christuswirklichkeit müsse die Devise für uns Christen lauten! Dass Selbstverwirklichung im Sinne der humanistischen Psychologie die Verwirklichung dessen ist, was in uns angelegt ist, blieb ihnen darüber verschlossen. Und dass unsere Gesangbücher ein ganzes Stück dünner wären, wenn Paul Gerhard sich nicht in dieser Weise selbst verwirklicht und die Lieder geschrieben hätte, die ich heute noch so gerne singe, auch. Denn genau darum geht es bei dieser Art Selbstverwirklichung - dass der Dichter dichtet, der Maler malt, der Forscher forscht, der Pfleger pflegt... und damit genau das in die Welt trägt, was in ihm angelegt ist. Als Christ würde ich sogar sagen: Was Gott in ihn oder sie hineingelegt hat.

Und noch etwas blieb bei diesen Protesten unberücksichtigt, wurde vielleicht sogar von diesen Protesten verdeckt: Der entschiedene Protest der humanistischen Psychotherapie gegen Psychoanalyse und Verhaltenstherapie. So wurde der Begründer der humanistischen Psychotherapie, Carl Rogers, nicht müde, zu betonen, (1) dass Psychotherapie nur ein Sonderfall zwischenmenschlicher Beziehungen darstellt; (2) dass sie in der direkten Begegnung mit einem realen Menschen (und nicht mit einer Projektionsfläche) stattfindet; (3) dass Übertragung und Gegenübertragung lediglich Interpretationen und nicht das wirkliche Geschehen darstellen; (4) dass den Menschen ihre Erlebnisse grundsätzlich zugänglich sind; und (5) dass ihnen ihre Erinnerungen nicht gedeutet werden müssen.

Um so saurer stieß vielen von uns das Motto auf, das Rogers seiner Methode voran stellte. Es stammt von dem chinesischen Philosophen Lao Tse und lautet: „Wenn ich vermeide, mich einzumischen, dann helfen die Menschen sich selber. Wenn ich vermeide, Anweisungen zu geben, dann kommen die Menschen von selbst auf das rechte Verhalten." Rogers wollte damit sicherstellen, dass die Ratsuchenden im therapeutischen Prozess für sich selbst verantwortlich bleiben, und dass zuletzt sie selbst - und nicht ihre Therapeuten - ihre Probleme bearbeiten und ihre Schwierigkeiten lösen. Mit dieser Erklärung mochten sich viele von uns aber nicht zufrieden geben. Für sie klang das viel zu sehr nach Selbsterlösung. Und wer ganz feine Ohren hatte, der meinte aus diesen Sätzen sogar die Stimme der alten Schlange herauszuhören. Hatte diese Eva im Paradies nicht schon einmal eben dies versprochen - dass sie von sich aus darauf kommen könne, was gut und was böse, was richtig und was falsch, was recht und was unrecht sei? Zu unserer Entschuldigung kann ich nur anführen: Wir waren damals Studenten, Studienanfänger, um genau zu sein. Aber das focht uns in der Sicherheit unseres Urteils nicht an: Diese humanistische Psychotherapie - das konnte es ja nun wirklich nicht sein! Und sei es nur deshalb, weil sie uns zuletzt mit der Frage allein ließ:

Wozu so viel studieren, wenn wir uns hinterher doch zurück-
halten müssten?

Um so begeisterter wandten wir uns Jay Adams und der von
ihm propagierten „nuthetischen" Seelsorge zu. Ganz im Gegensatz zur humanistischen Psychotherapie befürwortete Adams
eine sehr direktive Vorgehensweise. Ihr Name ist Programm:
nuthetische Seelsorge - das Wort kommt aus dem Griechischen
- heißt auf gut deutsch: ermahnende Seelsorge. Das konnten
wir uns gut vorstellen - andere zu ermahnen. Gestützt auf unsere Bibelkenntnis, gestützt auf unser Verständnis der Gebote
Gottes, so, wie wir uns dazu durch das Herrenwort Mt 18,15-
17 ermächtigt fühlten. Aber das war nicht das einzige, was uns
an Adams faszinierte. Ebenso attraktiv waren seine Anleihen
bei der Verhaltenstherapie. Denn damit schien ein heiligmäßiges Leben aus eigener Kraft in greifbare Nähe zu rücken:
Alles, was ihr dazu braucht, sind die entsprechenden Gewohnheiten, und ich zeige euch, wie ihr dahin kommt, schien Adams
uns zu sagen. Es ist alles ganz einfach...

Da klingelten dann bei mir die Alarmglocken. Der Pharisäer
aus dem Gleichnis von dem Pharisäer und dem Zöllner (Lk 18,
10-14) fiel mir dazu ein. Denn das war auch so einer, der ein
heiligmäßiges Leben aus eigener Kraft führte. Und der dabei so
fromm war, dass er Gott noch für das dankte, was er in dieser
Beziehung selbst auf die Beine stellte. Und ich überlegte mir:
Wenn das alles ist, wozu die Psychotherapie in der Seelsorge
taugt, dann fahre ich womöglich besser ohne sie.

Die Erfahrung sollte mich eines Besseren belehren.

Denn worum geht es in der Seelsorge? Doch wohl um dreierlei - um Heil, Heiligung und Heilung. In dieser Reihenfolge. Das heißt: In der Seelsorge geht es zuerst und zuletzt um unser Heil. Darum, dass unser Gottesverhältnis in Ordnung kommt. Darum, dass wir eine Antwort auf die Frage Luthers erhalten: Wie bekomme ich einen gnädigen Gott? So gesehen hat Seelsorge keinen anderen Auftrag als die Predigt - sie soll das Wort Gottes, die Gute Nachricht, das Evangelium ausrichten. Sie soll erzählen, was Gott zu unserem Heil ein für allemal getan hat und immer noch und immer wieder für uns tut. Und sie soll uns einladen, uns darauf einzulassen, darauf zu vertrauen, daran zu glauben. Der Unterschied ist der: die Predigt richtet sich an alle, die Seelsorge an den einzelnen. Bei Evangelisationsveranstaltungen wird diese Unterscheidung vielleicht besonders deutlich. Da gibt es zunächst eine Ansprache, einen evangelistischen Vortrag, ein Stück Wortverkündigung, das sich an alle richtet. Und dann sind da die Seelsorgehelfer, die am Ende der Veranstaltung, nach dem „Ruf zur Entscheidung", für Gespräche mit einzelnen zur Verfügung stehen - gewissermaßen als Geburtshelfer des neuen Menschen. Denn darum geht es in der Seelsorge so gut wie in der Verkündigung zu allererst: Dass wir in der Kraft des Todes und der Auferstehung Jesu Christi neu werden. Dass wir - aus Wasser und Geist - von neuem geboren werden, wie Jesus das in seinem Gespräch mit Nikodemus sagt (Joh 3, 5). Die Seelsorge ist deshalb so gut wie die Predigt immer auf das Sakrament hingeordnet; das Wort drängt zum Sakrament, ist recht eigentlich das Sakrament: Nicht von ungefähr ist die Seelsorge seit jeher im Zusammenhang mit Beichte und Absolution gesehen worden! Das ist das Proprium der Seelsorge. Darin ist sie ebenso unverwechselbar wie unverzichtbar. Das kann sie ganz allein - in der doppelten

Bedeutung des Wortes. Das kann nur sie, und dazu braucht sie auch keine Hilfe, auch keine psychotherapeutische Hilfe.

Aber nun kann und darf Seelsorge natürlich nicht bei der Geburtshilfe stehen bleiben; das ist nur der Anfang. Denn der neue Mensch, der da geboren ist, der kann und will wachsen. Manche nennen das Heiligung. Da ist es ganz wichtig, dass die Seelsorge die Dinge ins rechte Licht rückt. Wir sind Heilige, ja. Aber nicht deshalb, weil wir von uns aus die Forderungen des Gesetzes erfüllen könnten, sondern weil wir in Christus Geheiligte sind. Das gilt es immer und immer wieder festzuhalten und einzuschärfen. Denn es ist so einfach, aus der Heiligung eine fromme Übung zu machen - wie der Pharisäer in dem Gleichnis das getan hat. Heiligung, das geht so-und-so, heißt es dann. Da musst du das-und-das machen. Dann bist du auf dem richtigen Weg. Aber das ist nicht Heiligung, das sieht nur so aus. Das ist der ideale Nährboden für geistlichen Hochmut. Demgegenüber hat Seelsorge immer wieder daran zu erinnern: Heiligung müssen wir uns nicht erkrampfen. Das ist ganz einfach - Wachstum. Das ist der Prozess, in dem immer deutlicher wird, was wir seit unserer Wiedergeburt bereits sind - eine neue Kreatur. Dabei kommt alles darauf an, dass die Seelsorge auch an dieser Stelle ganz bei dem ihr aufgetragenen Wort bleibt.

An dieser Stelle will ich ein Zeugnis geben: Ich habe lange Jahre geraucht. Und mir deshalb immer wieder anhören müssen: Deswegen kommst du zwar nicht in die Hölle, aber es zeigt, woher du kommst. Viele Geschwister haben mir zudem mit Nachdruck zu verstehen gegeben, dass ich endlich damit aufhören solle. Das passte für sie einfach nicht zu einem Christen. Ich hielt ihnen entgegen: Nicht was in einen Menschen hineingeht, verunreinigt ihn, sondern das, was aus ihm herauskommt (Mt 15, 11). Ihretwegen habe ich dann aber trotzdem versucht, mit dem Rauchen aufzuhören. Ich habe deshalb sogar einen Raucher-Entwöhnungs-Kurs besucht. Und bin kläglich gescheitert. Immer wieder. Solange ich mit mir darum gekämpft habe. Bis Christus mir eines Tages deutlich gemacht hat: „Was heißt hier: Du darfst nicht!? Und was heißt hier: Du sollst nicht!? Das sind die alten, überholten Maßstäbe. Die gelten für dich nicht mehr. Seit du ein neuer Mensch bist, gilt für dich etwas ganz anderes: Du brauchst nicht!" Er hatte recht; mir fiel es wie Schuppen von den Augen. Seither rauche ich nicht mehr.

Um es - auch vor diesem Hintergrund - noch einmal ganz deutlich zu sagen: Wo es um das Heil geht, da **kann** die Seelsorge keine Anleihen bei der Psychotherapie aufnehmen, denn die Psychotherapie hat nichts zu bieten, was ihr dabei eine Hilfe sein könnte. Da hat die Seelsorge alles, was sie dazu braucht; in dieser Beziehung ist sie weder ergänzungsbedürftig noch ergänzungsfähig. Und wo es um die Heiligung geht, da **darf** die Seelsorge keine Anleihen bei der Psychotherapie aufnehmen, will sie nicht einem falschen Heiligungsverständnis Vorschub leisten. Hier kommt es vielmehr darauf an, dass sie ganz bei ihrem Herrn bleibt und Ihn und Sein Werk allein groß macht. Zwar gibt es vor allem in der Verhaltenstherapie jede Menge Tipps und Tricks, wie man neue Gewohnheiten schaffen und alte ersetzen kann. Zur Heiligung trägt sie damit jedoch nichts bei, im Gegenteil! Denn nicht wir, sondern Christus heiligt uns. Wir leben dann „nur" noch so, dass das auch deutlich wird.

Aber nun geht es in der Seelsorge nicht nur um Heil und Heiligung, sondern auch um Heilung. Und das mit gutem Grund. Denn wem das Heil widerfährt, wer geheiligt wird, der erfährt auch Heilung. Wenn auch nicht immer so, wie er oder sie sich das vorstellt. Das prominenteste Beispiel dafür ist sicherlich der Apostel Paulus. Von ihm wissen wir, dass er Zeit seines Lebens unter einer nicht näher bezeichneten Krankheit litt. Alles, was wir von ihr wissen, ist, dass sie ihn so stark quälte, dass er sie als Pfahl in seinem Fleisch empfand (2 Kor 12, 7). Und wir wissen auch, dass er diese Krankheit nicht deshalb hatte, weil ihm der rechte Glaube fehlte. Denn wenn einer den rechten Glauben gehabt hat, dann doch wohl der Apostel! Der in der Seelsorge viel zu oft gehörte Satz: „Wenn du nur den rechten Glauben hättest, dann wärst du auch nicht krank!", ist deshalb nicht biblisch. - Ebenso unbiblisch ist aber auch die Behauptung: „Wenn jemand krank ist, dann deshalb, weil Gott ihm mit dieser Krankheit etwas sagen will. Er darf deshalb nur in der Seelsorge genesen. Ihn mit anderen Mitteln und Methoden heilen heißt, Gott in den Arm fallen." Denn Paulus empfiehlt Timotheus nicht etwa Seelsorge, sondern - Wein für sein Magenleiden (1 Tim 5, 23).

Das heißt, hier, an dieser Stelle, wo es um Heilung geht, da, aber auch nur da, reicht Seelsorge allein nicht immer aus. Da muss sie erkennen können, wo der Arzt, wo der Psychotherapeut gefordert ist - und offen sein dafür, ärztliches bzw. therapeutisches Handeln in sich aufzunehmen, zu integrieren, oder doch zu begleiten. Ich sage das nicht zuletzt deshalb so entschieden, weil mich noch während meines Theologiestudiums die Geschichte der Anneliese Michel erschüttert hat, die 1976 im fränkischen Klingenberg in der Seelsorge starb, weil ihre Seelsorger die Therapie einer Magersüchtigen durch Seelsorge meinten ersetzen zu können. Dieselbe Meinung begegnet aber auch heute noch. Sie spiegelt einerseits die Position Sigmund Freuds, des Begründers der Psychoanalyse: Freud hat in Abgrenzung von der kirchlichen Seelsorge für seine psychoanalytische Behandlungstechnik den Begriff „Weltliche Seelsorge" geprägt, weil er in jedem Gottesbild ein übermächtiges, verinnerlichtes Vaterbild sah. Andererseits wird dazu auf die neuere Entwicklung verwandter tiefenpsychologischer Ansätze verwiesen. Viele von ihnen haben sich zwar von der Psychologisierung aller Religion und jedes Glaubens abgewandt, dafür aber seit den sechziger Jahren des 20. Jahrhunderts eine immer größere Nähe zu Zen-Buddhismus, Taoismus, Yoga, Sufismus usw. entwickelt. Nicht von ungefähr sind sie längst zum Forschungsgegenstand der Religionswissenschaft geworden: Psychoanalyse und analytische Psychologie sowie die daraus abgeleiteten Verfahren erscheinen hier als Aspekte einer Sorge um Heilung, die selbst religiöse Züge trägt. Besonders deutlich wird dies an Scientology, die sich selbst bzw. die ihr zugrundeliegende Theorie, „Dianetik", ausdrücklich als Wissenschaft von der geistigen Gesundheit vorstellt. Hier kann es in der Tat nur ein Entweder-Oder geben.

Allerdings ist Psychotherapie nicht mit der Psychoanalyse Freuds oder verwandter tiefenpsychologischer Ansätze identisch. Hier ist deshalb einer vorsichtigen Vermittlung das Wort zu reden. Doch selbst das fällt nicht immer leicht. Zu klapprig scheinen viele der psychologischen Modelle, zu wenig schmeichelhaft ihr Ansatz, zu undurchsichtig ihre Methoden. Dazu drei Beispiele:

(1) In der Psychoanalyse stellt das sog. Instanzenmodell die Seele des Menschen als einen nach energetischen Prinzipien

funktionierenden Apparat vor. Dieser Apparat besteht aus drei Teilen, „Es", „Ich" und „Über-Ich", und funktioniert in einer nachgerade mechanistisch anmutenden Weise nach dem sog. Lust-Unlust-Prinzip. Das ist jetzt einigermaßen abstrakt formuliert. Zum besseren Verständnis möchte ich deshalb eine kleine Geschichte dazu erzählen: Da wird gerade die Bäckerei in unserer Straße umgebaut, der Laden ist darum geschlossen. Vor dem Laden steht ein Verkaufswagen, und wenn ich daran vorbei komme, sehe ich den Kuchen, rieche den Kaffee - und schon meldet sich mein „Es", der Repräsentant des Lustprinzips: „Au ja, kauf dir was! Das riecht! Das schmeckt!" Gleich fällt ihm das „Über-Ich", der Repräsentant der Wertewelt, ins Wort und artikuliert das Unlust-Prinzip: „Finger weg! Du wirst fett! Und deine Frau schimpft mit dir!" Geschlichtet wird dieser Streit von meinem „Ich", dem Repräsentanten des Realitätsprinzips: „Mal sehen, was haben wir heute morgen denn gewogen? Können wir uns das leisten?"

(2) Die Verhaltenstherapie erklärt das menschliche Verhalten nach demselben Lust-Unlust-Prinzip als Ergebnis von klassischer und operanter Konditionierung – sprich: als Ergebnis von Dressur. So wenig schmeichelhaft das ist: Auch das kennen wir alle. Weil wir so erzogen worden sind. Und das machen wir auch alle, wenn wir kleine Kinder haben, bei denen mit Erklärung, Vernunft, Einsicht noch nicht viel zu machen ist. Da verlegen wir uns genau darauf, erwünschtes Verhalten zu belohnen, etwa indem wir unsere Kinder loben, und unerwünschtes Verhalten zu tadeln. Und auch wenn sie noch gar nicht verstehen, warum es uns beispielsweise wichtig ist, dass sie in den Topf und nicht in die Hose machen, tun sie uns dann doch den Gefallen - ganz einfach deshalb, weil es viel angenehmer ist, gelobt als getadelt zu werden.

(3) In der humanistischen Psychologie ist es nicht zuletzt das Rollenspiel, das Unbehagen bereitet. Obwohl wir auch das alle kennen. Denn als Kinder haben wir selber Rollenspiele gespielt, „Vater, Mutter, Kind" zum Beispiel. Und wenn wir unseren eigenen Kindern zuschauen, wie sie dieses Spiel spielen, dann sehen wir auch, was für Möglichkeiten diese Spiele bieten: Die Spieler können nicht nur neues Verhalten ausprobieren, sie sehen auch sich selbst mit den Augen des anderen, dessen Rolle sie gerade übernommen haben u.v.a.m. Das sind jetzt natürlich nur Beispiele. Aber es sind genau die Beispiele, die immer wieder bemüht werden, wenn das eben angesprochene Unbehagen an den Modellen und Methoden der Psychotherapie begründet werden soll. Angesichts dieser Beispiele komme ich deshalb zu dem Ergebnis: Dieses Unbehagen, das auf den ersten Blick noch so überzeugend ausschaute, hält einem zweiten Blick nicht stand.

Für ebenso überzogen halte ich die grundsätzliche Kritik an den in diesen Modellen und Methoden angeblich zum Ausdruck kommenden Grundannahmen, als da wären: Determinismus, Hedonismus und Eudämonismus - ich entschuldige mich für die Fremdworte. Zumal sie gerade nicht halten, was sie versprechen. Denn: Determinismus, das ist die Vorstellung, ich sei unter der doppelten Voraussetzung des Instanzenmodells und des Lust-Unlust-Prinzips nicht Herr meiner eigenen Entschlüsse. Dazu kann ich nur sagen: Das war schon der Irrtum Freuds; er sprach in diesem Zusammenhang sogar von der - nach Kopernikus und Darwin - dritten Kränkung des menschlichen Selbstbewusstseins und legte damit doch nur Zeugnis ab von seinem eigenen, überzogenen Selbstbewusstsein. Und in diesem Zusammenhang von Hedonismus oder auch nur von Eudämonismus zu sprechen, scheint mir gleichermaßen übertrieben.

16

Immerhin definiert sich Hedonismus[1] als eine philosophische Strömung, die die körperliche Lust als den eigentlichen Sinn des Lebens sieht. Im Zeitalter der Spaßgesellschaft gilt Hedonismus von daher in einem weiteren Sinn als eine nur an materiellen Genüssen interessierte, egoistische Lebenseinstellung. Doch selbst in seiner gemäßigteren, auf Epikur zurückgehenden Variante[2] taugt der Hedonismus nicht zur Charakterisierung des Lust-Unlust-Prinzips. Denn worum geht es dabei eigentlich? Darum, dass wir Appetit, sprich: Lust auf Essen, bekommen, wenn wir Hunger haben, und darum, dass wir Speisen nicht mehr riechen können, wenn wir satt sind. Darum, dass wir die Hand ganz schnell von der heißen Herdplatte zurückziehen, weil wir Schmerz, sprich: Unlust, empfinden, usw. Insoweit gehört das Lust-Unlust-Prinzip schlicht zur überlebenswichtigen Grundausstattung eines jeden Menschen. Ebenso überzogen scheint mir, wenn hier der sog. humanistischen Psychologie gelegentlich ein weltanschaulicher Atheismus unterstellt wird. Dazu wird ganz einfach der Humanismus von vornherein als Verneinung jeglicher Kraft und aller Werte definiert, die dem Menschen übergeordnet sind. Das mag im Einzelfall stimmen, in der Regel ist diese Gleichsetzung falsch. Dafür ist der Humanismus viel zu vielschichtig, viel zu facettenreich. Sachlich richtiger – und vor allem: sachlicher – wäre es deshalb, den Humanismus nicht auf den Begriff der menschlichen Autonomie und damit des Sein-Wollens-wie-Gott zu bringen, sondern auf den der menschlichen Eigenverantwort-

---

[1] Im Anschluss an einen seinen Begründer, Aristipp von Kyrene, so gut wie im Anschluss an einen seiner bekannteren neuzeitlichen Vertreter, Marquis de Sade

[2] In der es nicht um Lust, sondern um Befreiung von Leid, Unruhe und Schmerz, nicht durch übermäßigen Genuss weltlicher Güter, sondern durch Konzentration auf die wirklich notwendigen Bedürfnisse geht; Epikur zählt dazu insbesondere Freundschaft

lichkeit: Die Vorstellung, dass jeder Gottglaube eine Ein-
schränkung der Humanität des Menschen bedeutet, ist gerade
nicht typisch humanistisch! Ich komme darauf zurück.

"Wachsamkeit gegenüber der Gruppendynamik"

Natürlich sind die vorstehenden Überlegungen nicht im luftleeren Raum entstanden: Ganz bewusst habe ich immer wieder zu
christlichen, von entschiedenen Christen geschriebenen Texten
zum Thema gegriffen. Das fängt an bei dem Wort der Konferenz Bekennender Gemeinschaften an die Kirchenleitungen der
Evangelischen Kirchen in Deutschland vom 15. Mai 1976,
„Zur Aufnahme gruppendynamischer Methoden in die Rüst-
zeiten- und Ausbildungspraxis". Dieses Wort gipfelt in der
Forderung, "dass das Ausscheiden gruppendynamischer Methodik aus dem kirchlichen Handeln unbedingt verlangt werden
muss"[3]. Es erweckt damit den Eindruck, als ob es sich bei dieser Methodik um eine Erfindung handle, auf deren Einsatz man
ebenso gut verzichten könne. Tatsächlich handelt es sich dabei
lediglich um eine Entdeckung: Gruppendynamik gibt es, seit
Menschen sich in Gruppen zusammenfinden - in der Öffent-
lichkeit so gut wie im Privaten, und in der Welt so gut wie in
der Kirche. Und ebenso lange gibt es diejenigen, die diese

---

[3] Zur Aufnahme gruppendynamischer Methoden in die Rüstzeiten- und
    Ausbildungspraxis. Wort der Konferenz Bekennender Gemeinschaften
    an die Kirchenleitungen der Evangelischen Kirchen in Deutschland, in:
    Weg und Zeugnis. Bekennende Gemeinschaften im gegenwärtigen Kir-
    chenkampf 1965-1980. Herausgegeben aus Anlass des 10jährigen Beste-
    hens der Konferenz Bekennender Gemeinschaften in den evangelischen
    Kirchen Deutschlands von Rudolf Bäumer, Peter Beyerhaus und Fritz
    Grünzweig. Bad Liebenzell – Bielefeld 1980, S. 294

Dynamik - "vielfach ungewollt und unbemerkt!"[4] - steuern: Die Gruppen selbst erzeugen die entsprechende Rollenspezialisierung. Damit wird zugleich die Unterscheidung zwischen Gruppendynamik als gesteuertem und „Gruppengemeinschaft"[5] oder „Gruppendynamis"[6] als frei ablaufendem Prozess hinfällig: Es gibt keine ungesteuerten Gruppenprozesse.

An dieser Stelle scheint mir eine Zwischenbemerkung angebracht. So klar und unmissverständlich das Urteil vieler bekennender Christen im Blick auf die angewandte Psychologie auch ausfällt, so unklar ist ihnen oft genug, worüber sie da eigentlich urteilen. So schreibt beispielsweise Horst W. Beck im Blick auf die genannte Rollenspezialisierung: "Die Rollenkategorie ist in den Humanwissenschaften die gefährlichste materialistische Präparierung des Menschen. Warum? Der geistgeleitete wiedergeborene Mensch ist durch und durch 'echt' und klar und hat das Rollenspiel als wesensmäßig zum psychischen Menschen gehörig durchschaut und aufgegeben."[7] Gründlicher kann man den hier gebräuchlichen Rollenbegriff wohl kaum missverstehen. Denn bei diesen Rollen geht es nicht etwa um Masken, hinter denen ich mich verstecken könnte. Sondern darum, dass ich mich in unterschiedlichen Situationen - etwa

---

[4]   a.a.O., S. 293

[5]   Sven Findeisen, Zur Situation der kirchlichen Seelsorgeausbildung. Hinweise zur biblischen Orientierung, in: Lothar Gassmann (Hg.), Gefahr für die Seele. Seelsorge zwischen Selbstverwirklichung und Christuswirklichkeit. Mit Beiträgen von Sven Findeisen, Lothar Gassmann, Gerhard Maier und Claus-Dieter Stoll (Tagesfragen, Bd. 30), Neuhausen 1986, S. 176

[6]   Lothar Gassmann, Gruppendynamik. Hintergründe und Beurteilung (Tagesfragen, Bd. 5), Neuhausen 1984, S. 14

[7]   Horst W. Beck, Gruppenpsychotechnik. Von der Hoffnung, sich selbst und andere zu befreien. Eine theologische Anfrage mit einer biblischen Orientierung zur Lage von Hellmuth Frey. Wuppertal 1978, S. 78

im Umgang mit verschiedenen Personen - unterschiedlich verhalte. Ein Beispiel: Meine Frau hat andere (Rollen-)Erwartungen an mich als meine Tochter, meine Mutter wieder andere als meine Schwester. Indem ich diesen Rollenerwartungen entspreche, "spiele" ich je und je die Rolle des Ehemanns, des Vaters, des Sohnes oder des Bruders und bleibe dabei doch immer der, der ich bin. Als Christ würde ich Beck sogar entgegenhalten: Letztlich sind es nicht meine Frau, Tochter, Mutter, Schwester..., die diese unterschiedlichen Rollenerwartungen an mich richten, sondern Gott selbst, der von mir in den unterschiedlichen Beziehungen unterschiedliche Verhaltensweisen erwartet und damit zugleich eine Vielzahl von Rollenerwartungen an mich heranträgt. Und das wiederum heißt: Erst in dem Maße, in dem es mir gelingt, diese unterschiedlichen Erwartungen unter dem "Hut" (m)einer Persönlichkeit miteinander zu vereinen, werde ich zu dem, den Gott mit mir und in mir gemeint hat, als Er mich schuf.

Ähnlich problematisch scheint mir die Voreingenommenheit, mit der sich viele bekennende Christen der angewandten Psychologie nähern. So ist beispielsweise das Bild, das etwa Lothar Gassmann von der Gruppendynamik zeichnet, wesentlich bestimmt von libidinös-sexuellen Techniken wie Nackt-Encounter, Nackttherapie usw.[8] Nun will ich Gassmann gerne zugeben: Das hat es zwar auch gegeben. Aber für „die" Gruppendynamik prägend waren diese Techniken nicht. Deshalb bin ich keiner von ihnen jemals selbst begegnet. Und deshalb weiß ich, was ich von ihnen weiß, auch nur aus Schilderungen ausdrücklichen Missbrauchs!

---

[8] Lothar Gassmann, a.a.O., S. 22. 36. 47

Auf der anderen Seite ist im Zuge der Entdeckung der Gruppendynamik und ihrer weitergehenden Untersuchung eine ganze Reihe von Ergebnissen ans Licht gekommen, die nicht eben schmeichelhaft sind. So haben beispielsweise Versuche, die klären sollten, in wie weit die eigene Meinung durch Gruppenvorgaben beeinflusst werden kann, immer wieder gezeigt: In den meisten Fällen gibt das Streben der einzelnen Gruppenmitglieder nach Konformität mit der Gruppe und nicht die eigene Wahrnehmung den Ausschlag. In diesem Sinne hat die Sozialpsychologie unter anderem den Nachweis führen können, dass es bei einer Bekehrung in der Regel nicht um die Annahme eines neuen Glaubens, sondern um die Anpassung des eigenen religiösen Verhaltens an das von Freunden und Familienangehörigen geht. Denn zu einer Bekehrung kommt es immer dann, wenn, unter sonst gleichen Umständen, die Betreffenden zu bereits Bekehrten stärkere Bindungen haben oder entwickeln als zu Nichtbekehrten. Das sehen die Neubekehrten selbst im Rückblick zwar anders. Sie geben bei der Beschreibung und Begründung ihrer Bekehrung stets zu verstehen, ihr Glaube sei das glückliche Ende einer langen Suche. Dem widerspricht freilich nicht nur, "dass die meisten Menschen einen Glauben normalerweise nicht suchen, sie begegnen ihm durch Kontakte zu anderen, die ihm anhängen"[9], sondern auch, dass die meisten Menschen den Lehren einer Glaubensgemeinschaft erst nach ihrem Übertritt wirklich anzuhängen beginnen. Das deckt sich mit den Erfahrungen der Kirche, die nicht von ungefähr die Wichtigkeit der Freundschaftsevangelisation betont und bei Neubekehrten besonderen Wert auf eine kontinuierliche Nacharbeit legt. Das lässt sich aber auch sonst im Leben der Gläubigen zeigen - wenn beispielsweise ein Jugendlicher sich zu dem

---

[9]   Rodney Stark, Der Aufstieg des Christentums. Neue Erkenntnisse aus soziologischer Sicht. Weinheim 1997, S. 64

in seiner Gemeinde "gerade richtigen" Zeitpunkt zur Taufe anmeldet, wie das kürzlich die Tochter eines befreundeten Pastors in einer taufgesinnten Gemeinde getan hat. Oder wie ich selbst als Lutheraner passenderweise meine Konfirmation als Wiedergeburt erlebt habe. Solche und ähnliche in der Gemeinde (Gruppe) entstandenen Entscheidungen wurden und werden in theologisch konservativen Kreisen nicht selten als Ergebnis des Wirkens des Heiligen Geistes verstanden. Ich schließe mich dem an; denn ich halte das durchaus für legitim. Ich lege allerdings ebenso großen Wert auf die Feststellung, dass sich menschliche Handlungen auch in menschlichen Kategorien verstehen lassen - und das nicht erst, wenn unter dem Einfluss theologisch anders geprägter Kräfte dieselben Gruppenprozesse ganz andere Ergebnisse zeitigen.

Anders die Verfasser des genannten Wortes. Ihnen wird die Gruppendynamik erst zum Problem, als deren Steuerung mehr und mehr in die Hände theologisch anders geprägter Kräfte übergeht. Horst W. Beck, der an diesem Wort mitgearbeitet hat, spricht in diesem Zusammenhang von der historisch-kritisch-psychologischen Aufklärung. Sie frage "ganz unmittelbar und hektisch nach der therapeutischen Wirkung der Verkündigung und der Lehre der hergebrachten biblischen Botschaft. Bei einer Fernsehdiskussion (ARD Hamburg) und dem Nachgespräch versuchte mir in einem nächtlichen Ringen ein psychotherapeutisch orientierter Theologe klarzumachen, dass die christliche Botschaft keine dogmatischen Inhalte habe, sondern dass es allein um die psychoanalytische Selbsterkenntnis des Menschen gehe."[10] Thomas Sören Hoffmann stellt diesem

---

[10] Horst W. Beck, Die Vokabel "Gott" ist soviel wie "bla-bla-bla". 50 Jahre an der Front von Glaube und Wissenschaft. Biografische Notizen (2005), S. 7f. www.institut-diakrisis.de/biogr87_05e.pdf

Zeugnis eines Kritikers das Selbstzeugnis eines Kritisierten zur Seite. Er erinnert an eine Äußerung Joachim Scharfenbergs, der "aus der Erfahrung des 'Scheiterns des Rituals der Beichte' heraus beschlossen habe, 'Psychoanalytiker zu werden'."[11] Vor diesem Hintergrund erscheinen die Formulierungen des o.g. Wortes als durchaus gleichwertig. Dort heißt es: „An die Stelle biblisch orientierter, vollmächtiger Seelsorge treten Scheinerfolge einer Psycho-Seelsorge durch die Gruppe. Die Wirkung des Heiligen Geistes Gottes wird durch den der Sünde verfallenen Gruppengeist in seiner Abgründigkeit ersetzt... Erkenntnis der wahren Schuld vor Gott wird verdrängt durch eine im gruppendynamischen Prozess sich bildende neue kollektive Verhaltensnorm."[12]

Knapp drei Jahre später, am 24. Februar 1979, werden diese Überlegungen in dem Wort an die Gemeinden des 3. Europäischen Bekenntniskonvents in Frankfurt/Main, „Wachsamkeit gegenüber der Gruppendynamik"[13], weitergeführt. Dort wird klargestellt, dass die hier vorgetragene Kritik der Gruppendynamik allen psychologischen Methoden gilt, die auf Verhaltens- und/oder Einstellungsänderungen zielen. Denn auch sie gehen - nicht anders als die Gruppendynamik selbst - davon aus, „dass die Möglichkeit zur Hilfe und Heilung des Menschen in ihm selber liegt."[14] Damit kommt auch dieses Wort

---

[11] Thomas Sören Hoffmann, Das "Geschäft des ewigen Lebens". Zum Verhältnis von Glauben, Wissen und Seelsorge, in: Bekenntnisbewegung "Kein anderes Evangelium". Info spezial Nr. 16/2001, S. 6

[12] Zur Aufnahme gruppendynamischer Methoden in die Rüstzeiten- und Ausbildungspraxis, a.a.O.

[13] Worte des 3. Europäischen Bekenntnis-Konventes (Sektion III). 1. Wort an die Gemeinden: Wachsamkeit gegenüber der Gruppendynamik, in: Weg und Zeugnis, a.a.O., S. 295

[14] Zur Aufnahme gruppendynamischer Methoden in die Rüstzeiten- und Ausbildungspraxis, a.a.O.

zuletzt zu demselben Ergebnis wie die drei Jahre ältere Stellungnahme. Schon dort heißt es, eben dadurch werde das „uns aufgetragene Zeugnis in einem pseudochristlichen Sinn verändert und zerstört, ja es wirkt dann mit an der ideologischen Selbsttäuschung und damit an der Selbstzerstörung des Menschen."[15] In der Perspektive der Konferenz Bekennender Gemeinschaften bzw. des Europäischen Bekenntniskonvents stehen sich damit in dieser Auseinandersetzung alternative Heilsangebote in wechselseitiger Ausschließlichkeit gegenüber. Dazu noch einmal Horst W. Beck: "Die jeweilige Lebensgruppe soll heilen und Sinn stiften. Die Gruppe soll aufarbeiten. Es gibt Lebenskonflikte aber keine Sünde! Es gilt nach Moreno das Gottessyndrom und damit die Qual des Sündenbewusstseins abzuschaffen!"[16] Entsprechend bekenntnishaft fällt die Antwort auf diese Herausforderung aus: „Der Opfertod Jesu Christi ist das Ende aller Wege und Methoden menschlicher Selbsterfahrung und Selbsterlösung."[17]

Das ist mit großem Nachdruck formuliert. Und greift dennoch zu kurz. Worum es hier vor allem anderen geht, ist ein theologischer Gegensatz zwischen einer konservativen, schrift- und bekenntnisgebundenen, bibeltreuen o.ä. evangelikalen und einer im historisch-kritischen Denken befangenen Theologie. Mit Gruppendynamik hat dieser Konflikt zunächst einmal gar nichts tun, er sollte deshalb auch nicht mit ihr verquickt werden: Gruppenprozesse - und damit meine ich jetzt nicht allein spontane, sondern auch geplante und bewusst gesteuerte Gruppenprozesse - sind in bibeltreuen Gemeinden genauso selbstverständlich wie in bibelkritischen. Ein zweites kommt hinzu:

---

[15]   ebd.
[16]   Horst W. Beck, a.a.O., S. 8
[17]   Zur Aufnahme gruppendynamischer Methoden in die Rüstzeiten- und Ausbildungspraxis, a.a.O.

24

Wer mir - wie die hier als historisch-kritisch-psychologisch bezeichnete Theologie - versichert, dass jede Rede von Gott sinnlos sei, und dass ich deshalb niemals auf Frieden mit Gott, sondern allenfalls auf Frieden in mir hoffen könne, der macht nach meinem Empfinden gerade kein Heils-, sondern allenfalls ein Heilungsangebot. Wer hier dennoch ein alternatives Heilsangebot erblickt, schießt deshalb über das Ziel hinaus. Das gilt auch und erst recht da, wo sich diese Theologie psychologischer Methoden bedient, die auf Verhaltens- und/oder Einstellungsänderungen gerichtet sind; ihr Ziel ist nach eigenem Bekunden nicht Erlösung (bzw. Selbsterlösung, wie das Wort der Konferenz Bekennender Gemeinschaften meint), sondern Therapie als eine menschliche Intervention, die - in der Psychotherapie nicht anders als in der Physiotherapie - ganz selbstverständlich darauf beruht, „dass die Möglichkeit zur Hilfe und Heilung des Menschen in ihm selber liegt." (s.o.)

Neben diesen gemeinschaftlich verantworteten Stellungnahmen stehen persönlich verantwortete Beiträge zur Sache insbesondere von Horst-Klaus Hofmann, Horst W. Beck und Wolfhard Margies. Ich beschränke mich an dieser Stelle gleichwohl auf die Arbeiten von Hofmann und Beck. Denn Margies ist Charismatiker, was dazu führte, dass seine 1978 bereits in zweiter Auflage erschienene zweibändige Studie, „Heilung durch sein Wort"[18], in der hier zu skizzierenden Diskussion gerade keine

---

[18] Wolfhard Margies, Heilung durch sein Wort. Teil 1: Der Verzicht auf Psychotherapie. Teil 2: Die geistliche Behandlung seelischer und körperlicher Krankheiten. Urbach 1978 (2. Aufl.) - Ebenfalls unberücksichtigt bleiben an dieser Stelle römisch-katholische Stimmen, so insbesondere Albert Görres, Kennt die Psychologie den Menschen? Fragen zwischen Psychotherapie, Anthropologie und Christentum, München 1978. Denn auch sie wurden seinerzeit in dem hier interessierenden Horizont nicht zur Kenntnis genommen.

Rolle spielt. Dabei lehnt Margies in Übereinstimmung mit den bislang referierten bekenntnisevangelikalen Stellungnahmen nicht nur die Gruppendynamik im Dienst der Gemeinde Jesu ab. Sondern er legt ebenso dar, warum die biblische Seelsorge im Widerstreit zur Psychotherapie steht, und wieso eine Seelsorge, die sich auf die Psychoanalyse Sigmund Freuds, die Psychologie C. G. Jungs oder die klientenzentrierte Gesprächstherapie nach Rogers stützt, eine Gefahr für das Volk Gottes darstellt. Damit nimmt Margies bereits Mitte der siebziger Jahre Positionen vorweg, die im Horizont Bekennender Gemeinschaften in den evangelischen Kirchen in Deutschland in der Auseinandersetzung mit Freud erst zehn, in der Auseinandersetzung mit Jung sogar erst fünfzehn Jahre später vertreten werden. Doch ich greife vor.

Kehren wie deshalb noch einmal zurück zu den Auseinandersetzungen um die Gruppendynamik in der zweiten Hälfte der siebziger Jahre, wie sie namentlich in den Arbeiten von Horst-Klaus Hofmann und Horst W. Beck geführt wird. Hofmann, Jg. 1928, stand seit 1950 im Dienst des CVJM, zuletzt als Generalsekretär des CVJM in Mannheim. 1968 gründete er dann, Impulse aus der Evangelischen Marienschwesternschaft in Darmstadt[19] aufnehmend, die "Offensive Junger Christen", eine geistliche Großfamilie in verbindlicher Gemeinschaft, in Bensheim/Bergstraße. Inzwischen ist sie nach Reichelsheim im Odenwald verzogen[20]. Teil dieser Offensive ist von Anfang an ein "Deutsches Institut für Jugend und Gesellschaft"[21]. Dieser Arbeit entstammt die 1977 publizierte Studie Hofmanns unter dem Titel, "Psychonautik Stop. Kritik an der Gruppendynamik

---

[19] www.kanaan.org/germany
[20] www.ojc.de
[21] www.dijg.de

in Kirche und Gemeinde"; zumindest wurde sie ausdrücklich als eine Veröffentlichung des o.g. Instituts gekennzeichnet und von diesem in großer Zahl kostenlos abgegeben. So erlebte sie in vier Monaten drei Auflagen; gedruckt wurden 80.000 Exemplare. Weit weniger verbreitet ist die ein Jahr später, 1978, erschienene Studie Horst W. Becks mit dem Titel, "Gruppenpsychotechnik. Von der Hoffnung, sich selbst und andere zu befreien. Eine theologische Analyse". Sie erschien in Verbindung mit der (von Beck selbst 1974 mitbegründeten) Karl-Heim-Gesellschaft "zur Förderung einer biblisch-christlichen Orientierung in der wissenschaftlich-technischen Welt"[22]. Das besondere Interesse dieser im württembergischen Pietismus beheimateten Gesellschaft gilt der Auseinandersetzung mit der Ideologisierung wissenschaftlicher Erkenntnisse.[23] Als promovierter Ingenieurwissenschaftler und Theologe und habilitiert für Grenzfragen zwischen Theologie und Naturwissenschaft wirkt Beck nachgerade als Verkörperung dieses Ansatzes; nicht von ungefähr ist er zu dieser Zeit Sekretär der Karl-Heim-Gesellschaft.

Ich habe beide Publikationen schon damals mit Interesse gelesen; ich tue es jetzt, in der Rückschau, noch einmal. Dabei fällt mir als erstes auf, dass Hofmann seinen Ausführungen einen Satz des Schweizer Kulturphilosophen und konservativ-religiösen Kulturkritikers Max Picard voranstellt. Ich gebe diesen Satz hier als wörtliches Zitat wieder, weil er einen Eindruck vermittelt von der beklemmenden Atmosphäre, die die ganze Studie prägt. Dieser Satz lautet: "Wie im totalitären Staat der Mensch kein Haus mehr hat, in dem er vor dem Eindringen der

---

[22] www.karl-heim-gesellschaft.de

[23] Reinhard Scheerer, Bekennende Christen in den evangelischen Kirchen Deutschlands 1966-1991. Geschichte und Gestalt eines konservativ-evangelikalen Aufbruchs, Frankfurt/M. 1997, S. 61f.

Allmacht des Staates sicher ist, so hat auch die Psyche des Menschen keine Sicherheit mehr, dass ihr Unberührbares vor dem Eindringen geschützt bleibt."[24] Hofmann schließt sich diesem Urteil an, wenn er schreibt, in der Psychonautik - er vermeidet das Wort Gruppendynamik, weil es für ihn ein "Nebelbegriff"[25] ist - "wird vorsätzlich und vorbereitet die Tür ins Innerste der Person emotional eingedrückt. Psychonautik ist deshalb nach dem biblischen Verständnis der menschlichen Person ein verschleierter Anschlag auf ihre Würde und Freiheit"[26]. Seine Ausführungen können damit als Teil eines breiten Stroms kritischer, gegen die angewandte Psychologie gerichteter Äußerungen verstanden werden, wie sie am nachdrücklichsten vielleicht von Vance Packard in seinem 1978 in deutscher Sprache erschienenen Bestseller, "Die große Versuchung", vorgetragen wurden. Thema ist auch hier die Vielzahl psychotechnischer Eingriffe in das menschliche Leben und Verhalten, die die Visionen von Orwell und Huxley ins Harmlose verblassen lasse, und bei der uns eiskaltes Grauen packen müsse - so jedenfalls der Klappentext zu dieser seinerzeit weithin beachteten Veröffentlichung. Und auch Packard stellt seinem Buch ein Zitat voran; es stammt allerdings von dem humanistischen Psychologen Carl Rogers und lautet: "Wir können uns von unserem wachsenden Wissen dazu hinreißen lassen, den Menschen auf bislang ungeahnte Weise zu versklaven, zu entpersönlichen, zu steuern und zu lenken mit so ausgeklügelten Techniken, dass er vielleicht nie merkt, wie sehr ihm jede Individuali-

---

[24] Max Picard, Einbruch in die Kinderseele. Zürich 1971 (2. Aufl.), S. 18, zit. n. Horst-Klaus Hofmann, Psychonautik stop. Kritik an der "Gruppendynamik" in Kirche und Gemeinde. (Eine Veröffentlichung des Instituts für Jugend und Gesellschaft, Bensheim) Wuppertal 1977, S. 3

[25] a.a.O., S. 8

[26] a.a.O., S. 15

tät abhanden gekommen ist."[27] Diese Gegenüberstellung ist für mich deshalb von besonderem Interesse, weil daraus erhellt, dass hier der Christ Hofmann und der Humanist Rogers (den Hofmann freilich als einen der Väter der Psychonautik ausmacht[28]) im Kern dieselben Befürchtungen hegen. Ich habe die entsprechenden Äußerungen beider Seiten allerdings schon damals eher für überzogen gehalten und für eine Polemik, deren Maßlosigkeit ihren Grund in der Vermessenheit - fast bin ich versucht, zu sagen: in den Allmachtsphantasien - der damaligen Psychoszene hat: Heute ist die Erinnerung an diese Selbstüberschätzung ihren Autoren eher peinlich, und die damals in der Tat zu beobachtende Selbstüberhebung gilt in der angewandten Psychologie inzwischen als missbräuchlich: Wer es unternimmt, die Tür in das Innerste einer Person emotional einzudrücken, vergeht sich nicht nur am Menschen, sondern verstößt auch gegen geltende Berufsordnungen.

Ein weiterer Grundgedanke, der die Darlegungen Hofmanns durchzieht, wird mit einem Zitat des Mediziners und Theologen Hans Gödan eingeführt. Gödan klagt, dass "teils anonyme Mächte des öffentlichen Lebens, teils Mächte, die wir genau kennen, begonnen (haben), die im Unbewussten ruhenden Kräfte auszubeuten... Wie um das große Gebiet des Südpols sich nicht nur Forscher, sondern auch kalte Rechner und Ausbeuter bemühen, die unter dem Eismantel der Antarktis Schätze vermuten, vielleicht sogar Uran, so spielt sich heute ein Machtkampf ab um die Beherrschung des Unbewussten für seelenfremde Zwecke."[29] Das ist - zumal in Erinnerung an die

---

27 Vance Packard, Die große Versuchung. Der Eingriff in Leib und Seele, Düsseldorf 1978, S. 9
28 Horst-Klaus Hofmann, a.a.O., S. 23
29 Hans Gödan, Die Unzuständigkeit der Seele, Stuttgart 1961, S. 20f., zit. n. Horst-Klaus Hofmann, a.a.O., S. 12f.

seinerzeitigen sowjetischen Polarexpeditionen, die im Verständnis der veröffentlichten Meinung unmöglich allein wissenschaftlichen Zwecken dienen konnten - ein eindrückliches, in seiner Emotionalität bewegendes Bild. Genau dieses Bild präzisiert Hofmann, wenn er die anonymen Mächte, die kalten Rechner und Ausbeuter identifiziert und deren seelenfremde Zwecke aufdeckt. Er schreibt: "Psychonautik ist als gruppendynamisches Vehikel einer weit verbreiteten, geschichtsmächtigen Bewegung zu bewerten, die durch gesteuerte Umwandlungsprozesse in einzelnen und Gruppen eine 'humanistische-nachchristliche Weltgesellschaft' verwirklichen will."[30] Mit anderen Worten: Hofmann reduziert die Gruppendynamik auf ideologisch-therapeutische Veränderungskonzepte im Dienste eines idealistischen oder materialistischen Menschenbildes und des (!) entsprechenden Gesellschaftsentwurfs - was immer das heißt. Denn: Auf welchen gemeinsamen Gesellschaftsentwurf hätten sich so erbitterte weltanschauliche Gegner wie Idealismus und Materialismus wohl verständigen können? Doch wie dem auch sei: Hofmanns Kritik der Gruppendynamik ist damit zweitens politisch motiviert; sie reiht sich ein in den breiten Strom derer, die sich gegen "neomarxistische Tendenzen"[31] und die damit gegebene "Bedrohung unserer sittlichen Ordnung"[32] stellen. Beck spricht in diesem Zusammenhang sogar von einer Weltkulturrevolution, die "darauf angelegt ist, die utopischen Hoffnungen des Marxismus auf ein vollständig

---

[30] a.a.O., S. 14

[31] Wort der Notgemeinschaft Evangelischer Deutscher zu den neomarxistischen Tendenzen in der evangelischen Kirche (1972), in: Weg und Zeugnis, a.a.O., S. 116f.

[32] Rettet das Leben! Wächterruf der Konferenz Bekennender Gemeinschaften in den evangelischen Kirchen Deutschlands zur Bedrohung unserer sittlichen Ordnung (1979), in: Weg und Zeugnis, a.a.O., S. 335-341

gesellschaftsgefügiges Individuum einzulösen. Marx und Freud schießen in dieser Kulturrevolution zusammen. Der Virtuose Habermas hat ... hierfür die einheitliche Theorie des Menschen geliefert. Im Blickpunkt steht das total vergesellschaftete und damit manipulierbare Individuum, das keine Norm mehr kennt und sich für keinen Glauben mehr engagiert. Mit der Forderung von Habermas verlässt der Sozialismus den Bereich der Utopie."[33] Damals wie heute, nach dem Ende des real existierenden Sozialismus, kann ich angesichts einer solchen Argumentation nur mit dem Kopf schütteln. Denn schon die Erinnerung an Wilhelm Reich, den 1957 verstorbenen Begründer der körperorientierten Psychotherapieverfahren, hätte Hofmann und Beck wenn schon nicht eines besseren belehren, so doch wenigstens nachdenklich stimmen können: Als Reich versuchte, Marx und Freud zusammenzudenken, wurde er sowohl aus der Psychoanalytischen Vereinigung als auch aus der Kommunistischen Partei ausgeschlossen.

Zuletzt zeigt Hofmann auf, was geschieht, wenn die historisch-kritische Theologie in ihrer existentialen Interpretation sich der Seelsorge annimmt und diese ihren eigenen Denkvoraussetzungen entsprechend als Psychotherapie im kirchlichen Kontext bestimmt. So markiert er eine ganze Reihe von „Schleichwegen" aus dem Raum des christlichen Glaubens hinaus, wenn unter anderem die Gebote Gottes umgangen, die Gewissen umgeprägt und die Grundbegriffe umgedeutet werden - wenn beispielsweise behauptet wird, "dass für die Theologie nicht mehr zu ermitteln sei, was in der Gemeinde Recht und Unrecht und für jedermann verbindlich ist."[34] Wenn von daher statt von Ehebruch von der Offenheit der Einehe nach aussen die Rede

---

[33] Horst W. Beck, Gruppenpsychotechnik, a.a.O., S. 112
[34] Horst-Klaus Hofmann, a.a.O., S. 22

ist und diese Offenheit als eine Möglichkeit christlichen Ehe-verständnisses vorgestellt wird. Und wenn eine Beratung, der es gar nicht darum geht, Menschen, dem Beispiel Jesu folgend, zur freien, selbständigen Hinwendung zu Gott und Seinem Willen zu führen, gleichwohl als Seelsorge bezeichnet wird. Dabei ist ihm deutlich genug, dass diese Verschiebung nicht zuletzt die Frucht der Fruchtlosigkeit des überlieferten Glaubens ist. Er plädiert darum leidenschaftlich für einen neuen Aufbruch. Das macht ihn mir immer wieder sympathisch, auch wenn er diesen Anspruch selbst gar nicht einzulösen vermag. Beispielhaft sei hier auf seine Polemik gegen den freien Austausch von Gefühlen verwiesen. Vordergründig geht es ihm dabei um Widerstand gegen emotional erzwungene Lernerfahrungen durch die Entkoppelung der Gefühlsantriebe von Wille und Wahrnehmung, Verantwortung und Verstand. Dahinter steht freilich eine eigene Theologie, die speziell die Gefühle als das eigentlich sündhafte am bzw. im Menschen ausmacht. So bietet Hofmann der Gemeinde folgendes Gebet an - gerade so, als gäbe es keine anderen Gefühle als Laune und Lust, und als sei allein das Fühlen erlösungsbedürftig:

"Wir wollen nicht achten auf unsre Gefühle, nicht handeln nach unserer Laune und Lust.
Herr, gib durch Dein Wort uns die klaren Befehle und mach durch den Geist uns der Kräfte bewusst.
Erleucht' unser Denken und lass uns erkennen die Tiefe der Liebe in Deiner Passion.
Erlös' unser Fühlen und stärk' unsern Willen und gib unserm Danken den hellen Ton."[35]

---

[35] a.a.O., S. 49

Auf derselben Linie liegen Becks Vorbehalte gegenüber der Leiblichkeit des Menschen. Er spricht von ihr als von einer "tierverwurzelten Leibgestalt"[36] und legt damit zumindest nahe, dass das Leibliche am Menschen eher tierisch als menschlich sei. Noch einen Schritt weiter geht Hellmuth Frey in seiner Stellungnahme zum Einbruch der gruppendynamischen Bewegung in die Kirche. Diese "biblische Orientierung" ist den bereits mehrfach zitierten Überlegungen Becks vorangestellt. Sie gipfelt in der Polemik gegen jede Ausdehnung des seelsorgerlichen Auftrags auf seelische und körperliche Heilung[37]. Damit erweist sich die hier skizzierte, evangelikale Position für mich zuletzt als genauso einseitig wie die von ihr mit Nachdruck kritisierte historisch-kritisch-psychologische: Blendet die letztgenannte die Dimension des Heils entschlossen aus, gibt erstere ebenso entschlossen die Dimension der Heilung preis. Dagegen ist daran zu erinnern, dass der Mensch von seinem Schöpfer als Einheit von Leib und Seele, von Körper und Geist gemeint ist. Nicht von ungefähr heißt es 1 Mose 2,7 ausdrücklich, dass der Mensch eine lebendige Seele *ist*. Mit anderen Worten: Das in besonderer Weise Menschliche schließt das Körperliche ein. Ohne ihren Körper ist eine menschliche Seele biblisch nicht einmal vorstellbar. Dem entspricht, dass auch der göttliche Heilswille dem ganzen Menschen gilt. Nicht nur Jesu Heilspredigt wird von Heilungswundern begleitet; auch für seine Jünger ist diese Zuordnung verpflichtend (Lk 10,9). Ich wende mich damit entschieden gegen die weit verbreitete Auffassung, die entsprechenden Gnadengaben des Geistes seien Jesu Jüngern nur in neutestamentlicher Zeit gegeben worden, danach aber nicht mehr; ausschlaggebend dafür sind nicht zuletzt meine

---

[36] Horst W. Beck, a.a.O., S. 59
[37] Hellmuth Frey, Stellungnahme zum Einbruch der Gruppendynamischen Bewegung in die Kirche. Eine biblische Orientierung über die Hintergründe, in: Horst W. Beck, a.a.O., S. 20

Erfahrungen als theologischer Lehrer in der Mission, genauer: im Sudan. Dort habe ich diese mir bis dahin allein aus der Bibel geläufige Zusammengehörigkeit auch in der Praxis als etwas ganz Selbstverständliches erlebt. Seit meiner Rückkehr macht aber auch der gelegentlich gehörte Einwand für mich keinen Unterschied mehr, bei diesen Heilungen handele es sich um besondere, einzig die missionarische Erstverkündigung begleitende und beglaubigende Zeichen: Deutschland ist nicht weniger Missionsland als der Sudan!

Vom seelenkundlichen Lehrbuchcharakter der Bibel

Nun betont Beck nicht nur, dass christliche Seelsorge Zuspruch der vergebenden Annahme durch Jesus Christus ist. Noch wichtiger ist ihm die Feststellung, "Seelsorge ist nur da, wo der Mensch von Christus her im biblischen Licht gesehen wird."[38] Beck stellt sich damit die Aufgabe einer aus der Bibel abgeleiteten Lehre vom Menschen. Ich zögere, an dieser Stelle von einer biblischen Anthropologie zu sprechen, denn was Beck hier entwickelt, geht weit über das hinaus, was gemeinhin unter dieser Überschrift verhandelt wird: Diese biblische Lehre vom Menschen erlaubt Beck in einem ersten Schritt eine Annäherung an das transzendente Geheimnis des Menschen, das darin wurzelt, dass der Mensch von dieser Welt und doch nicht nur von dieser Welt ist. Beck erläutert: "Der Mensch ist 'ursündig' verhaftet im Urspalt der gefallenen Schöpfung. Man kann deshalb weder sein Leib-Sein noch sein herzensgründiges Dasein irgendwo in einer 'neutralen' fiktiven biologisch oder psychologisch greifbaren Wirklichkeit festmachen. Menschliches Sein

---

[38] Horst W. Beck, a.a.O., S. 34

und Leben gibt es biblisch nur in der in dieser Zeit unaufhebbaren Spannung zwischen den zwei im Kampf liegenden Reichen"[39] des Lichts und der Finsternis. Diese Feststellung gilt für den ganzen Menschen, sein Unbewusstes eingeschlossen. Mehr noch, gerade "Das unerkannte Unbewusste ist die Kampfarena um des Menschen Seelenheil!"[40] Dabei kommt der Tatsache, dass das Unbewusste unerkannt ist, besondere Bedeutung zu; Beck leitet daraus als zweite Aussage über das unerkannte Unbewusste her: "Der Raum des Unbewussten ist gnädige Verhüllung, weil der Mensch im gefallenen Zustand von der chaotischen Grundmacht gebannt würde."[41] Jeder Versuch, in den Raum des Unbewussten einzudringen; jedes tiefenpsychologische Verfahren, das darauf zielt, Unbewusstes bewusst zu machen, ist deshalb als Grenzüberschreitung abzulehnen. Beck spricht in diesem Zusammenhang von Bewusstseinserweiterung. Dabei ist ihm nicht nur wichtig, dass diese Bewusstseinserweiterung sowohl durch Drogen als auch psychoanalytisch bzw. gruppendynamisch hervorgerufen werden kann. Ebenso nachdrücklich stellt er heraus, dass diese Verfahren seines Erachtens genauso süchtig machen wie beispielsweise LSD.

In dieser als biblisch vorgestellten Sicht sieht sich Beck von der Wissenschaft bestätigt. So ablehnend er einerseits speziell den tiefenpsychologischen Verfahren gegenübersteht, so bedeutsam sind sie ihm andererseits gerade in dieser Hinsicht. Denn, so Beck wörtlich: "Zur 'Tiefen'-Psychologie wäre man nicht genötigt, wenn Biologie, Soziologie und Psychologie als Verhaltenswissenschaften einen zureichenden Erkenntnisrah-

---

[39] a.a.O., S. 40f.
[40] a.a.O., S. 61
[41] a.a.O., S. 62

men für den Menschen böten. Insofern der Mensch wirklich ein 'geistiges' Wesen ist und nicht wie das Tier definitionsgemäß aufgeht in seiner instinkt- und umweltlichen Reaktionsgebundenheit, ist er transzendenzgeleitet."[42] Und das wiederum heißt: "Die 'ganze Wahrheit' über das Verhalten des Menschen zu sich selbst und zu den Mitmenschen in allen denkbaren Gemeinschaftsbezügen aber ist, dass sich in allem Sprach-, Ausdrucks- und Tatverhalten die Verhaftung des Motivationsgrundes, des Willensantriebes und der Gewissenseinsicht im göttlichen oder widergöttlichen Herrschaftsbereich manifestiert"[43]; "dass aus den unbewussten Motivationssteuerungen die wahren Herrschaftsbereiche, denen wir uns öffnen, im wachbewussten Denken und Handeln durchschlagen."[44]

In der Konsequenz dieses Versuches, den Menschen im biblischen Licht zu sehen, durchbricht Beck die Grenzen zwischen Theologie und methodisch atheistischer Humanwissenschaft und fügt die theologischen Aussagen in die wissenschaftlichen ein (und umgekehrt). Dazu lehnt er die überkommene Unterscheidung zwischen eigengesetzlicher Empirie und ihrer Bewältigung durch rational-ethisch motiviertes Handeln ausdrücklich ab. Und zwar nicht nur deshalb, weil dieses Weltbild angesichts der biblischen Sicht des Menschen im Bestimmungsraum des Urspältigen für ihn irreführend, weil realitätsblind ist. Vielmehr bestreitet er diese Unterscheidung grundsätzlich. Beck wendet sich damit zugleich gegen eine im Anschluss an Karl Barth weit verbreitete Sicht, die die Weltlichkeit der Welt und die Mündigkeit des modernen, technisch eingestellten Menschen als Frucht des Evangeliums verstand. Für

---

[42] a.a.O., S. 43
[43] a.a.O., S. 86
[44] a.a.O., S. 43

Beck steht ganz im Gegenteil der Fürst dieser Welt hinter der Entwicklung "von der geistlichen Bestimmtheit zur rationalen, dann zur psychisch-sozialen und weiter zur leiblich-mechanischen Eigensteuerung und Eigenmacht"[45]. - "Die Verführung ist die verfängliche Rationalität einer vorgegaukelten Humanität, die sich wissenschaftlicher Erkenntnisse und technischer Handlungsmuster bedient. Entfremdung wird umgewidmet: Emanzipation heißt Befreiung von überlieferten christlichen Normen und Sinnansprüchen, die die Trivialität des Menschen in Frage stellen und den Bedürfniszirkel sprengen, indem sie auf das transzendente Geheimnis verweisen."[46]

Dieser Neuansatz sprengt den Rahmen der Karl-Heim-Gesellschaft und führt - wiederum unter maßgeblicher Beteiligung Becks - 1979, ein Jahr nach der Veröffentlichung dieser Arbeit, zur Gründung der Studiengemeinschaft "Wort und Wissen"[47]. Es überrascht deshalb nicht, wenn das, was Beck hier im Blick auf die praktische Psychologie behauptet - "Wir halten daran fest, dass die 'manifeste' psychologische Empirie gerade durch die biblischen Wirklichkeitsbestimmungen am besten verstanden werden kann."[48] - im Kontext von "Wort und Wissen" dann auch im Blick auf die dort vertretene Sonderform der Schöpfungslehre, den sog. Kreationismus, gilt. Ich komme darauf zurück.

Diese biblischen Wirklichkeitsbestimmungen werden im Folgenden von Beck breit entfaltet. So stellt er zunächst einmal fest: "Was sich im Kranksein des Menschen bis hin zum Todeslos manifestiert, hat seine Verwurzelung in der Erbsündig-

---

[45] a.a.O., S. 78
[46] a.a.O., S. 59
[47] www.wort-und-wissen.de
[48] Horst W. Beck, a.a.O., S. 54

keit, im Urspalt. Das Natürliche, das Leibliche, das Sichtbare, was uns modern gesprochen durch Wissenschaft methodisch erschlossen wird, hat eine durch Willensmächte beherrschte Innenseite."[49] Von daher versteht er die Heilungswunder Jesu an Kranken nicht als Durchbrechung von Naturgesetzen, sondern als Binden dämonischer Willensmächte, die sich im Krankhaften der Schöpfung sichtbar repräsentieren. Ebenso unmissverständlich macht er klar, dass die Bibel lediglich von Krankheiten spricht, die organische Ursachen haben, und von Störungen, die sündhafter Haltung und sündhaftem Verhalten entstammen. Für ihn heißt das, dass es, biblisch gesehen, gar keine seelisch-geisteskranken Menschen gibt, sondern nur Menschen, deren Willens- und Geistesantriebe in den Herrschaftsbereichen jenseits des Sichtbaren gebunden sind. Beck wörtlich: "Von der Bibel her lässt sich nur von den zwei Herrschaftsbereichen sprechen, gegenüber denen sich der Mensch öffnen oder verschließen kann. 'Besessenheit' ist der Grenzfall, wo die dämonische Macht die Entscheidungskraft gebrochen hat."[50] Diese Argumentation ist Jay Adams geschuldet; Beck steht hier in einer deutlichen Abhängigkeit von US-amerikanischen Quellen.

Ebenso deutlich stellt Beck heraus, dass der Mensch nicht nur im Herrschaftsbereich der Sünde lebt. „Er ist zur Entscheidung gerufen, welchem Herrschaftsbereich er zugehören will."[51] Und er weiß das! Zur Begründung verweist Beck auf die Weisheit der biblischen Urgeschichte: Der Sündenfall führt in die Paradies-jenseitige Existenz, in die Entfremdung vom Urstand; 'Paradiesverlorenheit' ist seither das Generalthema des Menschen.

---

[49] a.a.O., S. 45
[50] a.a.O., S. 47
[51] a.a.O., S. 40

Von daher setzen für Beck der Drang zur Selbstverwirklichung, die Suche nach Identität und das Streben nach Emanzipation von versklavenden Bindungen - abseits aller speziellen Offenbarung - ein Wissen um diesen Verlust, um diese Entstellung des eigentlichen Wesens des Menschen voraus. Beck schließt daraus nicht nur, dass der entfremdete, im Urspalt lebende Mensch der neurotische Mensch ist, sondern mehr noch, dass jede Neurose eine Aktualisierung dieser Paradiesverlorenheit ist. Denn: "Vom psychologischen Standort aus meint Entfremdung eine Erlebnisweise, in der der Mensch sich selbst unheimlich wird. Er fühlt sich nicht mehr als Herr seiner Motivation und seiner Taten. Diese zwiespältige Grundbefindlichkeit manifestiert sich in abgrundtiefem Unbehagen, Ekel vor dem Leben, depressiver Stimmung bis hin zum Selbstmordtrieb und nicht zuletzt in gestörtem Verhalten, das man in der Summe der Erscheinungen mit dem Schlagwort 'Neurose' bezeichnet... Es ist der Ausdruck für eine Person, die sich nicht mehr selbst gehört, sondern fremdgesteuert gelebt wird, zugespitzt, von den Dingen innen und aussen besessen ist."[52] Die Konsequenz liegt auf der Hand: Gerade der neurotische Mensch braucht nicht etwa Psychotherapie, er braucht Seelsorge! Denn: "Die Bibel ist hier nüchtern: Die Lösung der Entfremdung liegt außerhalb der Möglichkeit und Macht des Menschen. Sie ist ein Angebot - als die Freiheit des Menschen, der sich an Christus klammert."[53]

Diese Sicht hat weitreichende Konsequenzen. Sie erweist einerseits jede psychotherapeutische Intervention als Versuch der Selbsterlösung. Und sie qualifiziert andererseits diejenigen, die sich dieser Sicht nicht anzuschließen vermögen, als Men-

---

[52] a.a.O., S. 66f.
[53] a.a.O., S. 41f.

schen, die sich bewusst von Gott abwenden. Diese Menschen sind in den Augen Becks einer satanischen Nichtigkeit preisgegeben (Röm 1,18ff.). Ihre Erkenntnis- und Willenstriebe sind dem Zeitgeist verhaftet. Sie werden von dem Vater der Lüge regiert (Joh 8,43ff.). Diese Menschen begeben sich deshalb nicht nur auf den Kriegsschauplatz zwischen Gott und Satan, sondern gehören zu dem Pionier- oder Operationstrupp Satans und liefern die von ihnen in der Gruppe Dynamisierten ungeschützt dem Beschuss Satans aus[54].

Beck liefert damit das Schema, nach dem sich die weitere Auseinandersetzung mit der angewandten Psychologie oft genug vollzieht. Dieses Schema erlaubt, selbst die unterschiedlichsten Ansätze und Verfahren auf den gemeinsamen Nenner der Selbsterlösung zu bringen. Differenzierungen werden unnötig. Da können dann so unterschiedliche Dinge wie Yoga, Autogenes Training und Gruppendynamik in einem Atemzug genannt und miteinander verdammt werden. So gründet Kurt Blatter, der inzwischen verstorbene Chirurg und Leiter der (christlichen) Klinik der Stiftung für ganzheitliche Medizin in Langenthal (Schweiz), seine Ausführungen zum Thema auf die Versicherung: "Allen (Yoga, Autogenem Training und Gruppendynamik - RS) gemeinsam ist das Bestreben nach Selbsterlösung."[55] - „Der beschrittene Erlösungsweg besteht in der Entdeckung und Entwicklung von eigenen Kräften und Fähigkeiten."[56]

---

[54] Hellmuth Frey, a.a.O., S. 16
[55] Kurt Blatter, Wirkung und Absicht von Yoga, Autogenem Training und Gruppendynamik. Nachdruck aus „Bibel und Gemeinde" 1983-1. Hammerbrücke: Bibelbund-Verlag 2006, S. 3
[56] a.a.O., S. 4

Dieses Schema erlaubt aber auch, Sachargumente durch das Argument zur Person zu ersetzen. Beispielhaft sind hier die Ausführungen Els Nannens zum Thema Selbstliebe und Selbstannahme. Nannen hat sich einige Jahre an der Evangelischen Hochschule in Amersfoort, einer der Studiengemeinschaft „Wort und Wissen" vergleichbaren Einrichtung in den Niederlanden, mit der Geschichte der Psychologie befasst, deren Theorien kritisch dargestellt und an einer biblischen Alternative gearbeitet. Im deutschen Sprachraum ist sie insbesondere durch ihre Verbindung mit dem Bibelbund[57] und mit dem Missionswerk „Christen im Dienst an Kranken"[58] bekannt geworden. Bevor Nannen sich mit der Selbstliebe im Denken Erich Fromms befasst, fragt sie erst einmal: Wer war Erich Fromm? Und spricht dann von seiner „Abneigung gegen die übernatürliche Offenbarung, d.h. gegen diejenige in Gottes Wort"[59], von seiner Orientierung am Buddhismus, und von seinem „marxistisch-freudianischen, humanistisch-evolutionistischen Ansatz". Nannen charakterisiert Fromm damit als einen Menschen, „der die Offenbarung des Wortes Gottes nicht nur verwirft, sondern auch zum Teil verfälscht (z.B. 1. Mose 3), und der Gott und Christus, den totalen Sündenfall und Christi Sühneopfer leugnet"[60]. Damit hat sich für sie eine Auseinandersetzung mit dem Denken Fromms im Grunde aber auch schon erübrigt. Denn: „Wenn bibeltreue Christen aufgefordert werden, bei Fromms Entwurf des neuen Menschen 'das Kind nicht mit dem Badewasser' auszuschütten, so kommt einem die Frage, was wohl

---

[57] www.bibelbund.de

[58] www.cdkev.de

[59] Els Nannen, Selbstliebe und Selbstannahme? Kritische Betrachtungen anhand der Bibel. Nachdruck aus „Bibel und Gemeinde" 1985-4. Hammerbrücke: Bibelbund-Verlag 2004, S. 4

[60] ebd.

'das Kind' sein soll"[61]? Diese Vorgehensweise halte ich für bedenklich. Denn über das Für und Wider seines Denkens ist damit meines Erachtens noch gar nichts gesagt. Weil ich davon überzeugt bin, dass auch Marxisten, Humanisten, „Evolutionisten" o.ä. beachtliche Erfindungen und Entdeckungen machen und Empfehlungen geben können. Ein gutes Beispiel dafür scheint mir der Freimaurer Samuel Hahnemann. Von ihm wird oft und gern berichtet, er habe Christus einen "Erzschwärmer" gescholten. Doch ist damit auch schon seine wissenschaftliche Leistung erledigt? Ich denke, nein. Immerhin ist Hahnemann nicht nur Begründer der Homöopathie. Auch die - längst zu einer Selbstverständlichkeit gewordene - Forderung einer Krankengeschichte geht auf ihn zurück.

Eine solche Vorgehensweise findet sich bei Beck selbst zwar noch nicht, begegnet aber auf der von ihm formulierten Grundlage immer wieder. Ich stelle mir deshalb die Frage: Wie tragfähig ist diese Grundlage? Nach Beck beruht sie auf einer doppelten Voraussetzung, die er in zwei Grundsätzen formuliert. Fast bin ich geneigt, hier von Glaubenssätzen zu sprechen: (1) "eine präzise Definition von Entfremdung (widerspricht - RS) der Ausdrucksmächtigkeit einer Generalerfahrung."[62] Und (2) "Aufs Ganze gesehen gibt es auch bei expandierender Technologie keinen Fortschritt."[63] Denn nur die undifferenzierte Rede von Entfremdung entspricht der christlichen Botschaft einer grundstürzenden Erlösung; Beck spricht in diesem Zusammen-

---

[61] Ebd. - Genauso verfährt sie im Blick auf die analytische Psychologie mit C. G. Jung (Els Nannen, C. G. Jung, der getriebene Visionär. Bielefeld 2003). In vergleichbarer Weise äußert sich Klaus Berger im Blick auf die Psychoanalyse zu Sigmund Freud (Klaus Berger, Sigmund Freud. Vergewaltigung der Seele, Berneck 1988 (3. Aufl.).

[62] Horst W. Beck, a.a.O., S. 64

[63] a.a.O., S. 73

hang von der eschatologischen Entmachtung und Besiegung der diabolischen Grundverfasstheit dieses Äons. Ich halte dem gleichwohl entgegen: Lebensgeschichtlich drängt noch jede Rede von Entfremdung zur Konkretion. Sie zielt dann allerdings auf eine graduelle Veränderung im Rahmen und unter den Bedingungen dieser Welt. Und gibt sich damit als die Hoffnung zu erkennen, die nicht auf den großen Wurf, sondern in aller Bescheidenheit auf den jeweils nächsten, gangbaren, kleinen Schritt setzt. Dieselbe Bescheidenheit (und denselben Realismus) möchte ich aber auch für die angewandte Psychologie in Ansatz bringen. Ich zitiere dazu beispielhaft aus den Vorüberlegungen zur Theorie und Praxis eines der neueren psychotherapeutischen Ansätze: "Psychotherapie bedeutet, Menschen mit Leidenszuständen mit ihrem Einverständnis zu begleiten, im Regelfall bei der Veränderung von einem Zustand minderer Zufriedenheit und minderen Glückserlebens zu Zuständen von mehr Ausgewogenheit und höherer Zufriedenheit sowie zu höherer Kompetenz im Umgang mit konflikthaften Strukturen und damit zur Basis glückhafterer Handlungen für sich selbst und die Umwelt"[64]. Angesichts dieses durchgängigen Gebrauchs des Komparativs bleibt mir - anders als Beck - die Rede von der Selbsterlösung im Halse stecken. Dennoch ist unverkennbar: In diesem Prozess geschieht Emanzipation, entstehen neue Identitäten, gelingt Selbstverwirklichung - wenn auch nur schrittweise, in aller Vorläufigkeit, und niemals abschließend.

Ich halte Beck deshalb weiterhin entgegen: Diese Fortschritte sind real genug - nicht nur auf wissenschaftlich-technischem

---

[64] Peter Schütz/Siegrid Schneider-Sommer/Brigitte Gross/Helmut Jelem/Yvonne Brandstetter-Halberstadt, Theorie und Praxis der Neuro-Linguistischen Psychotherapie (NLPt). Das wissenschaftliche Fundament für die Europa-Anerkennung von NLPt. Paderborn 2001, S. 29

Gebiet, etwa in der Übernahme schwerer körperlicher oder besonders monotoner Arbeit durch Maschinen, in der Sicherung der Ernährung, in der erfolgreichen Behandlung von Infektionskrankheiten, im Rückgang der Säuglingssterblichkeit, im Anstieg der durchschnittlichen Lebenserwartung, oder auf gesellschaftlich-politischem Gebiet, etwa bei der internationalen Ächtung der Sklaverei und bei deren Abschaffung in fast allen Teilen der Welt, dieser Welt wohlgemerkt. Der Beck'schen Neurosenlehre vermag ich mich von daher ebenso wenig anzuschließen wie der darin vorausgesetzten Behauptung eines seelenkundlichen Lehrbuchcharakters der Bibel. Statt dessen bleibe ich bei der überkommenen Lehre von den drei Lichtern, wie sie auch bei Martin Luther zu finden ist. Sie kennt

(1) das Licht der Vernunft, das ausreicht, diese Welt zu erhellen und alles zu beleuchten, was mit dem Auftrag Gottes 1 Mo 1,28 zusammenhängt. Jeder Versuch, zu einem entsprechenden Welt- und/oder Selbstverständnis in einem anderen Licht zu kommen, geht deshalb fehl.

(2) das Licht der Gnade, in dem uns die Augen für die in Jesus Christus geschehene Erlösung aufgehen. Und auch hier gilt: Ein Wissen darum - wie um die darin vorausgesetzte Erlösungsbedürftigkeit des Menschen - gibt es in keinem anderen Licht.

(3) das Licht der Herrlichkeit, in dem wir in Gottes neuer Welt dereinst erkennen werden, gleich wie wir erkannt sind. Bis dahin bin ich für die o.g. Forschritte ganz einfach dankbar - wobei es für mich keinen Unterschied macht, ob diese Fortschritte im einzelnen auf gläubige Christen oder auf Freimaurer o.ä. zurückgehen. Wie die Sonne, die Gott täglich aufgehen lässt

über Gerechte und Ungerechte (Mt 5,45), sind auch sie für mich ein Ausdruck der welterhaltenden Güte Gottes[65].

Angewandte Psychologie oder Okkultismus?

Einen ganz anderen Ansatz verfolgt Kurt Blatter. Er stellt "Auf sämtlichen Gebieten der Geisteswissenschaften... eine beängstigende Zunahme okkulter Praktiken fest"[66] und sieht insbesondere die Medizin als Schrittmacher und Wegbereiter dieser Tendenz. Sie hat für ihn mystisch-religiöse Praktiken in ihre Therapieformen aufgenommen, die in krassem Gegensatz zur biblischen Lehre stehen. In diesem Sinne spricht auch Samuel Pfeifer in seinem 1980 in erster - und 2004 in 13. - Auflage erschienenen Buch, Gesundheit um jeden Preis?, unter dem Eindruck eines heraufziehenden neuen Zeitalters ("New Age") von einer "okkulten Erweckung" und identifiziert das 20. Jahrhundert als das endzeitliche Jahrhundert. Denn, so der medizinische Direktor der christlichen psychiatrischen Klinik Sonnenhalde in Basel wörtlich: "Die Grenzen zwischen Naturheilkunde und Okkultismus, zwischen alternativer Medizin und mystischer Erneuerung sind fließend geworden."[67] Und Reinhard König benennt verschiedene psychotherapeutische Verfahren, die für ihn im Rahmen dieses Denkens von besonderer Bedeutung sind. Das sind so unterschiedliche Verfahren wie die Ge-

---

[65] So auch Manfred Schäller, Der Christ zwischen Medizin und Paramedizin. Mit einer Stellungnahme zu dem Taschenbuch: Die Homöopathie und ihre religiösen Gegner im Blickwinkel medizinischen Wissens und christlichen Glaubens. Hammerbrücke 2006

[66] Kurt Blatter, a.a.O., S. 3

[67] Samuel Pfeifer, Gesundheit um jeden Preis? Alternative Medizin und christlicher Glaube. Basel 2004 (13. Aufl.), S. 11

sprächstherapie nach Rogers, die Logotherapie nach Frankl und das Autogene Training nach Schulz auf der einen, und die Urschreitherapie nach Janov, die Transpersonale Therapie nach Grof und die Reinkarnationstherapie auf der anderen Seite[68]. Hinzu kommen unter der Überschrift "Geistiges Heilen" so unterschiedliche Gemeinschaften wie die Christliche Wissenschaft, das Heimholungswerk Jesu Christi und die charismatische Bewegung - der im übrigen Oral Roberts ebenso zugerechnet wird wie William ("Billy") Graham[69]: Für König gehören diese Bewegungen ebenso zu den Verführungen nach Mt 24, die Jesu Wiederkunft vorausgehen, wie die genannten psychotherapeutischen Verfahren.

Aber auch diese Sicht hat mich nicht überzeugt. Damals nicht, und heute erst recht nicht: Das 20. Jahrhundert ist seither vergangen, und das 21. wird inzwischen genauso als endzeitlich bezeichnet wie vor ein paar Jahren noch das 20. Oder wie das 19., oder das 18., oder das 17., oder das 16. Jahrhundert ... je zu seiner Zeit. Ausschlaggebend dafür war - und ist - denn auch nicht das nüchterne Achten auf die Zeichen der Zeit, sondern ein (im weitesten Sinne des Wortes) politischen Frontstellungen geschuldeter Alarmismus - so z.B. wider die räuberischen und mörderischen Rotten der Bauern, die französische Revolution, die gemeingefährlichen Bestrebungen der Sozialdemokratie, das Frauenwahlrecht usw. und die dahinterstehenden geistigen Mächte wie die Demokratie, die Idee der Menschenrechte oder neuerdings der Humanismus. Es hat mich deshalb gerade nicht überrascht, als sich das so genannte New Age nicht als Bewegung, sondern als Medienereignis entpuppte, das allen-

---

[68] Reinhard König, Sanfte Heilverfahren. Geistige Heilung, Akupunktur, Homöopathie, Irisdiagnostik, Pendeln und Wünschelrute, Chiropraktik u.a. Neuhausen – Stuttgart 1988 (2., erw. Aufl.), S. 127-129
[69] a.a.O., S. 112

falls Teilbereiche des gesellschaftlichen Lebens erfasste. "Das liegt vor allem darin begründet, dass mit dem ausgerufenen New Age auch schnelle, sichtbare gesellschaftliche Veränderungen propagiert wurden. Eine 'sanfte Verschwörung' (Marilyn Ferguson) sei am Werk, die die Gesellschaft transformiere. Statt Hierarchie und Konkurrenz seien Netzwerke sozialer, politischer oder ökonomischer Institutionen sowie die Integration gegensätzlicher Interessen angesagt. Der Blick in die Wirklichkeit lehrt etwas anderes."[70] Ebenso kritisch sehe ich die Selbstverständlichkeit, mit der nicht nur weithin anerkannte und in ihren Wirkungen empirisch belegte mit höchst fragwürdigen Therapieverfahren auf eine Stufe gestellt, sondern auch zwischen Mary Baker Eddy und Gabriele Wittek einerseits und Billy Graham andererseits keine Unterschiede gemacht werden.

Trotzdem habe ich mich natürlich mit den Argumenten befasst, die diese Sicht begründen sollen. So stellt wiederum Kurt Blatter das Autogene Training - um nur dieses Beispiel zu nennen - als ein dem Yoga in Art und Wirksamkeit verwandtes System vor, das nur von denen angewandt wird, "die die ewigen Wahrheiten des Wortes Gottes relativieren und entkräften"[71]. Ähnlich äußert sich Samuel Pfeifer. Er sieht das Autogene Training in Verbindung mit der Hypnose und hält es deshalb für genauso gefährlich wie diese. Für ihn werden Körper und Geist durch das Autogene Training wie durch die Hypnose "in höchstem Maße empfänglich für Einflüsse von aussen"[72]. Denn: "Geistige Passivität birgt die Gefahr in sich, dass sich Kräfte eines Menschen bemächtigen, die ihn völlig verändern und

---

[70] Thomas Schweer, Die Heilsversprecher. Der Kampf der Sekten um die Seelen. München 1996, S. 178
[71] Kurt Blatter, a.a.O., S. 4
[72] Samuel Pfeifer, a.a.O., S. 138

zerstören können."[73] Aber auch Mathias Kropf argumentiert in dieser Weise. Kropf ist seit vielen Jahren niedergelassener Allgemeinarzt mit dem Schwerpunkt Naturheilverfahren / Chirotherapie. Er schreibt, „In solch einem Trance ähnlichen Zustand ist die rationale (durch unseren Verstand vermittelte) Beurteilung und Wahrnehmung unterbrochen. Unser Geist wird hoch beeinflussbar und öffnet sich für alle Arten von Einflüssen, die uns gerade umgeben."[74] Kropf schließt daraus, Entspannungstechniken „sind ganz eindeutig spirituelle, magische Praktiken, die eine Bewusstseinstransformation induzieren, die Tür zu dämonischen Welten, Geistführern und Geistern öffnen. Letztlich soll jedem Gläubigen, der sie praktiziert, das Geschenk des ewigen Lebens in Christus weggenommen werden."[75] Kropf vertritt damit genau dieselbe Auffassung wie Blatter, Pfeifer, König u.a. Doch Kropf ist Charismatiker. Sein Glaube gilt den genannten Autoren deshalb als genauso gefährlich wie z.B. das Autogene Training, das Kropf mit ihnen verwirft. Und noch etwas fällt auf: Wie Hoffmann und Beck lässt auch Kropf deutliche Vorbehalte sowohl gegenüber der Körperlichkeit als auch gegenüber der Emotionalität des Menschen erkennen. Um so positiver sieht er den Verstand. Denn, so Kropf wörtlich: „Wir sind von unserem Gott so geschaffen, dass wir sein Wort mit unserem Verstand verstehen können."[76] Ich komme darauf zurück.

---

[73] a.a.O., S. 105
[74] Mathias Kropf, Alternative Heilmethoden. Ein Arzt berichtet. 4., überarb. Aufl. mit Erläuterungen zum biblischen Heilsweg, zur Proklamation des Wortes, zum Heilungsgebet und zu Tipps aus der Naturheilkunde bei bestimmten Erkrankungen, zur gesunden Ernährung auf biblischer Grundlage und vielen Beispielen nicht okkulter Behandlungen. Karlsruhe 2004, S. 92
[75] a.a.O., S. 95
[76] a.a.O., S. 96f.

Dagegen hat insbesondere der Erziehungswissenschaftler und Psychotherapeut Michael Dieterich immer wieder zweierlei geltend gemacht. Einerseits legt er Wert darauf, zwischen den Fremdreligionen wie zum Beispiel Yoga und den in ihrem Rahmen praktizierten Techniken zu unterscheiden. Immerhin haben wissenschaftliche Untersuchungen beispielsweise zur Transzendentalen Meditation (TM) ergeben, "dass zur Versenkung keinesfalls religiös-kultische Elemente notwendig sind. Wenn man beispielsweise bei jedem Ausatmen die Zahl "eins" (oder ein beliebiges anderes Wort) spricht oder denkt, werden dieselben psychologischen Entspannungssymptome herbeigeführt wie bei der fernöstlichen Meditationsform"[77] selbst. Dieterich erklärt dies damit, dass sich die Menschen im Osten seit jeher gründlicher mit dem Atmen beschäftigt haben als im Westen. "So ist es auch zu verstehen, dass bestimmte Atemtechniken mit der Religionsausübung verbunden wurden." [78] Das aber heißt: "Dass man die außerchristliche Religion nicht akzeptieren kann, muss noch nicht heißen, dass in ihr übliche Techniken unbiblisch sind."[79] Andererseits unterscheidet Dieterich zwischen 'passivem' und 'aktivem' Okkultismus: Aktiver Okkultismus liegt für ihn nur dann vor, "wenn Menschen wissentlich und willentlich mit den Mächten der Finsternis in Verbindung treten."[80] Ausschlaggebend dafür ist seine Überzeugung: "Niemand kann uns von Gott trennen, wenn wir bei ihm bleiben wollen. Auch wird man nicht anfälliger für finstere

---

[77] Michael Dieterich, Wir brauchen Entspannung. Streß, Verspannungen, Schlafstörungen – und was man dagegen tun kann. Gießen 1990 (3. Aufl.), S. 22

[78] a.a.O., S. 91

[79] Michael Dieterich, Psychologie contra Seelsorge? Hilfestellung für die christliche Gemeinde. (Tagesfragen, Bd. 15) Neuhausen 1985 (2. Aufl.), S. 164

[80] a.a.O., S. 69

Mächte, wenn man sich entspannt."[81] Von daher kommt Dieterich zuletzt zu dem Ergebnis: "Mit dem Autogenen Training öffnet man sich nicht 'prinzipiell', wie immer wieder publiziert wird, 'dem Einflussbereich antigöttlicher Mächte'."[82]

Aus theologischer Sicht kommt Michael Kotsch zu entsprechenden Ergebnissen; Kotsch ist Lehrer für Kirchengeschichte und Systematische Theologie an der Bibelschule Brake[83]. Er weist darauf hin, dass eine Therapie mitunter "von sich annimmt, übernatürliche Kräfte zu nutzen, in Wirklichkeit aber normale naturwissenschaftliche Gegebenheiten nutzt, also keine Gefahr geistlicher Abhängigkeit birgt."[84] Als Beispiel dafür dienen ihm "einige schamanische Praktiken, die vorgeblich göttliche Kräfte nutzen, die sich in Pflanzenteilen oder Mineralien manifestieren sollen. Bei genauem Hinsehen jedoch sind es nicht die geheimnisvollen Beschwörungsrituale, sondern die vom Heiler unbenannten chemischen Substanzen, die positiv auf den Körper wirken."[85] Folgerichtig warnt Kotsch, Christen sollten sich nicht von jedem Scharlatan oder Illusionisten in Schrecken versetzen lassen, der behauptet, mit übernatürlichen Kräften umzugehen. Dem kann ich mich nur anschließen.

Damit sind allerdings die Argumente derjenigen, die vor okkulten Belastungen durch angewandte Psychologie, hier: durch Entspannungsverfahren warnen, noch nicht widerlegt. Von grundlegender Bedeutung für diese Argumentation ist nämlich

---

[81] a.a.O., S. 126
[82] ebd.
[83] www.bibelschule-brake.de
[84] Michael Kotsch, Moderne Medizin und Ethik. Bd. 1: Krankheit und Bibel. Alternative Heilmethoden. Akupunktur. Gentechnik, Lage 2007, S. 86
[85] a.a.O., S. 57

nicht diese oder jene Sicht der einen oder anderen Entspannungstechnik, sondern ein ausgeprägter anthropologischer Pessimismus und eine sich daraus herleitende Frontstellung gegen "den" Humanismus. In diesem Sinne argumentiert zunächst Blatter: "Wenn die Psychologie, die Medizin, ja eigentlich die gesamte abendländische Geisteswissenschaft das Positive im Menschen sucht und die Entwicklung und Entfaltung dieses Positiven propagiert, dann ist dies vom Wort Gottes her gesehen ein Irrtum."[86] Weil der Mensch als Sünder über keine eigenen, positiven Kräfte verfügt. Pfeifer denkt ähnlich. Er schreibt: "Viele moderne Psychotherapeuten wirbeln wohl den Schmutz des Lebens auf, geben aber keine echte Hilfe. Der Begriff 'Sünde' existiert nicht mehr in ihrem Vokabular. Sie versuchen, verdrängte Konflikte zu lösen, und verdrängen selbst das größte menschliche Problem, nämlich die Schuld, die uns von Gott trennt."[87] Statt dessen predigen sie Selbstliebe bzw. Selbstannahme - eine humanistische Ideologie, die sich ausbreitet wie eine ansteckende Krankheit. Schlüsselelemente dieser Ideologie sind „die Entthronung Gottes, die bewusste Abweisung seiner Autorität und Normen einerseits und die Vergottung des Menschen sowie des Menschlichen andererseits"[88].

Els Nannen definiert Selbstliebe von daher als „Selbstdienst in Selbstgefallen und Selbstverehrung"[89]. Ähnlich äußert sich Lothar Gassmann[90]. Gassmann war bereits als Doktorand bei Peter Beyerhaus Mitglied des Arbeitskreises für evangelikale Theologie[91], des Bundesarbeitskreises der Bekenntnisbewe-

[86] Kurt Blatter, a.a.O., S. 3
[87] Samuel Pfeifer, a.a.O., S. 172
[88] Els Nannen, a.a.O.,S. 9
[89] a.a.O., S. 26
[90] www.l-gassmann.de
[91] www.afet.de

gung „Kein anderes Evangelium"[92] und des Trägerkreises der von der Ludwig-Hofacker-Vereinigung[93] verantworteten „Gemeindetage unter dem Wort". Von 1993 bis 1997 war er als Dozent für christliche Dogmatik und Apologetik an der Freien Theologischen Akademie Gießen[94] tätig, und von 1998 bis 2009 arbeitete er als Sekten- und Weltanschauungsbeauftragter der Arbeitsgemeinschaft für religiöse Fragen (A.R.F.)[95]. Seit 2009 ist er Mitarbeiter beim Christlichen Gemeindedienst (CGD)[96] und Schriftleiter der Vierteljahresschrift „Der schmale Weg. Orientierung im Zeitgeschehen". Anders als Nannen spricht Gassmann in diesem Zusammenhang nicht nur von Selbstvergottung, sondern zeigt auch die geistlichen Gefahren dieser Haltung auf und warnt: "Indem der Mensch von sich aus nach Transzendenz strebt, öffnet er sich der Verführungsgewalt dämonischer Mächte, die ihm anbieten, zu sein wie Gott."[97] - "Gerade das Streben nach menschlicher Selbstverwirklichung nämlich - nach autonomer, selbstbestimmter Selbstverwirklichung - ist die eigentliche Sünde, die Ursünde des Menschen. 'Ihr werdet sein wie Gott und wissen, was gut und böse ist' (1 Mo 3,5) heißt nichts anderes als: Ihr werdet euch selbst verwirklichen."[98] In deutlicher Frontstellung gegen die ange-

---

[92] www.keinanderesevangelium.de
[93] www.ludwig-hofacker-vereinigung.de
[94] Jetzt: Freie Theologische Hochschule Gießen, www.fthgiessen.de
[95] Jetzt: Arbeitsgemeinschaft Weltanschauungsfragen, www.agwelt.de. Zugleich war Gassmann hauptverantwortlicher Redakteur des von der ARF herausgegebenen enzyklopädischen Projekts „Handbuch Orientierung: Religionen, Kirchen, Sekten, Weltanschauungen, Esoterik" (www.bible-only.org/german/ handbuch).
[96] www.cgd-online.de
[97] Lothar Gassmann, Gruppendynamik, a.a.O., S. 68
[98] Lothar Gassmann, Heil aus sich selbst? Seelsorge zwischen Selbstverwirklichung und Christuswirklichkeit, in: ders., Gefahr für die Seele, a.a.O., S. 71f.

wandte Psychologie warnt Gassmann daher: "Versöhnung des Menschen mit seiner eigenen verderbten Natur, wie dies durch Stärkung der Ich-Identität geschehen soll, ist theologisch gesehen Sünde, d.h. Vertiefung des Getrenntseins von Gott. Freiheit und Erlösung gibt es nur durch Versöhnung des Menschen mit Gott in Christus."[99] Deshalb kommt es - in biblischer Sicht, wie immer wieder betont wird - immer dann zu einer deutlichen Verschlechterung des Zustandes eines Rat- bzw. Hilfesuchenden, wenn dieser lernt, sich selbst anzunehmen und sich selbst zu lieben, sich (etwa im Rahmen einer Entspannungsübung) auf seinen Körper zu konzentrieren, sein Verhalten aus eigener Kraft zu verändern und mit seinen Problemen selbst fertig zu werden. Weil jede Intervention, die dazu anleitet, und weil jeder Lernprozess, der darauf zielt, in einem humanistischen Menschenbild wurzelt, das Gassmann mit den Worten umreisst: "Der Mensch kommt von sich selbst, bleibt bei sich selbst und geht zu sich selbst. Er hat in sich selbst Anfang, Weg und Ziel. Er ist sich selbst genug."[100] - "In sich selbst findet er die Heilkräfte für sich selbst. Für sich selbst empfängt er das Heil aus sich selbst."[101]

Das ist sehr eingängig formuliert. Trotzdem habe ich den Eindruck, dass es sich bei dieser Darlegung weniger um ein Abbild als um ein Zerrbild handelt, das den Humanismus ebenso eindeutig wie einseitig als bloßen Gegensatz zum biblischen Zeugnis erweisen soll. Damit jetzt keine Missverständnisse aufkommen: Natürlich lässt sich ein solches Bild konstruieren - auf der Grundlage theoretischer Schriften überzeugter Agnostiker und Atheisten. Aber aus meiner Erfahrung als Seelsorger

---

[99] a.a.O., S. 46
[100] a.a.O., S. 35
[101] a.a.O., S. 37

weiß ich: Gelebt wird es eher selten. Weil sich die meisten Menschen ganz einfach überfordert fühlen, wenn sie für die Sinnhaftigkeit der eigenen Existenz selber einstehen und in diesem Sinne selbst Gott sein sollen. Ungleich verbreiteter als diese Einstellung ist deshalb eine Haltung, die es um der Befriedigung grundlegender seelischer Bedürfnisse nach Gehaltensein und Getragenwerden willen nicht erlaubt, eigene Entscheidungen zu treffen, ohne vorher die Sterne, die Karten o.ä. befragt zu haben. Sie tendiert damit gerade nicht zur Autonomie, sondern zur Selbstaufgabe.

Dennoch: Um dieses Zerrbildes willen hat bei vielen Christen alles, was mit dem Wörtchen „Selbst" anfängt, einen schlechten Klang. Ob das nun Selbstvertrauen oder Selbstannahme oder Selbstliebe ist, macht dabei keinen Unterschied. Weil das alles als "humanistisch" gilt. Und das bedeutet für sie nichts anderes als widergöttlich oder "antichristlich". Zur Begründung zitieren sie über die bereits skizzierte Argumentation hinaus beispielsweise Johannes den Täufer mit den Worten: "Er muss wachsen, ich aber muss abnehmen." (Joh 3,30) Und natürlich Paulus, vorzugsweise dort, wo er sagt: "Ich weiß, dass in mir, das ist in meinem Fleische, wohnt nichts Gutes. Wollen habe ich wohl, aber vollbringen das Gute finde ich nicht. Denn das Gute, das ich will, das tue ich nicht; sondern das Böse, das ich nicht will, das tue ich." (Röm 7,18-19) Und dann ist die Rede davon, dass uns aufgetragen ist, den alten Menschen abzulegen (Eph 4,22) und den Herrn Jesus Christus anzuziehen (Röm 13,14). Und schon ist nicht nur ausgemacht, dass wir schlecht sind, sondern auch, dass wir eben deshalb an unserer Selbstaufgabe zu arbeiten hätten. Womit wir wieder bei Paulus wären, und bei seinem Ausruf: Wenn er sich schon rühmen solle, dann wolle er sich seiner Schwachheit rühmen, weil Gottes Kraft in den Schwachen mächtig ist (2 Kor 12,9). Die Argumentation scheint schlüssig: Angesichts dieses Befundes könne man sich doch unmöglich selbst vertrauen, sich selbst annehmen, sich selbst lieben. Das sei aber nicht nur unmöglich, das sei auch antichristlich. Denn: Nicht uns sollen wir vertrauen, sondern Christus. Nicht uns sollen wir annehmen, sondern Christus. Nicht uns sollen wir lieben, sondern Christus. Wie wahr! Und doch: Gleichzeitig erscheinen - mitunter verschämt und unter der Hand, mitunter aber auch ganz offen - Selbstverwerfung, Selbsthass und Minderwertigkeitsgefühle als christliche Tugenden. In der Mission habe ich das oft genug erlebt. Da scheinen viele Missionarinnen und Missionare so etwas wie ein Echo des Paulus zu sein. Aber wie das mit Echos so ist: Sie verzerren. Und so rühmen sie sich nicht ihrer Schwachheit, wie Paulus selbst das tat. Sondern sie sagen: An mir ist nichts Positives. Ich bin nichts, ich kann nichts, und ich habe nichts. Mich hat das immer erschüttert. Denn erstens sind sie allerlei: Sie haben eine Berufsausbildung abgeschlossen und sind Ärztin oder Krankenschwester, oder sie haben studiert, Linguistik zum Beispiel, und arbeiten an einer Bibelübersetzung. Zweitens können sie allerlei. Und drittens haben sie allerlei: Vor allem den Mut, sich auf Gottes Wort hin in Bewegung zu setzen, in die Mission zu gehen und sich auf ein Leben im Sudan einzulassen. Ich weiß noch genau, wie uns das gegangen ist, als wir deutlich machten: Wir gehen. Für verrückt sind wir erklärt worden! Da braucht es schon Standfestigkeit, Stehvermögen, Überzeugungstreue. Und da sollte nichts Positives an ihnen sein?

Ein Zweites kommt hinzu: Die Schrift ermahnt uns, wir sollen Gott, unseren Herrn, lieben von ganzem Herzen, von ganzer Seele und von ganzem Gemüt (5 Mo 6,5; Mt 22,37) – mit allem, was wir sind, was wir können, und was wir haben. Das macht natürlich nur Sinn, wenn wir tatsächlich etwas sind, können und haben. Was deshalb an dieser Stelle ganz selbstverständlich vorausgesetzt wird. Genauso, wie im zweiten Teil des Doppelgebotes der Liebe die Selbstliebe vorausgesetzt wird. Da heißt es bekanntlich: Du sollst deinen Nächsten lieben wie dich selbst (Mt 22,39). Weil nur, wer sich selbst liebt, auch andere lieben kann. Denn was ich nicht im Umgang mit mir selbst einübe, das kann ich auch anderen nicht erweisen. Und das wiederum heißt: Nur wer sich selbst annimmt, kann auch andere annehmen. Und nur wer sich selbst schätzt, kann auch anderen Wertschätzung entgegenbringen.

Dem stehen die eingangs zitierten Bibelstellen nicht entgegen - jedenfalls dann nicht, wenn man sie in ihrem Zusammenhang betrachtet. Wenn zum Beispiel Johannes der Täufer sagt: "Er muss wachsen, ich aber muss abnehmen", dann meint er damit: Ich bin der Bote, der Herold. Und als der Angekündigte noch nicht da war, da hörten die Leute auf mich, und das war gut so. Denn ich hatte ihnen etwas zu sagen. Aber nun ist der Angekündigte da, und da sollen die Leute auf ihn hören. Denn ich habe meine Aufgabe jetzt erfüllt. Mehr nicht. Denn: Nach Jesu eigenen Worten bleibt Johannes auch jetzt noch "mehr als ein Prophet". Und auch daran hält der Angekündigte fest: "Unter allen, die von einer Frau geboren sind, ist keiner aufgetreten, der größer ist als Johannes der Täufer." (Mt 11,11) Das ist wie beim Stafettenlauf: Der Startläufer läuft seine Strecke, und alle schauen auf ihn. Doch wenn er sein Pensum erfüllt hat, wenn er die Stafette übergeben hat, dann hat er seine Aufgabe erfüllt. Dadurch wird der Startläufer aber nicht weniger wichtig, und seine Leistung wird dadurch auch nicht kleiner. Wer diesen Satz des Täufers dennoch in dieser Weise versteht, der versteht ihn falsch.

Ebenso deutlich ist der Situationsbezug jener Äußerung des Apostels Paulus, in der er sich seiner Schwachheit rühmt. Gemeint ist damit eine krankheitsbedingte, körperliche Schwäche. Ausschlaggebend dafür ist eine Glaubenserfahrung des Apostels, die in 2 Kor 12 nachzulesen ist. Da ist ihm, als er dreimal zum Herrn um Genesung gebetet hatte, ein Trostwort zuteil geworden, das er in dieser Formulierung aufnimmt; ein Zusammenhang mit seinen Ausführungen in Röm 7 besteht nicht. Überhaupt: Römer 7! Wenn Paulus da sagt, dass in ihm, das ist in seinem Fleisch, nichts Gutes wohnt, dann macht er damit nicht nur eine theologische Aussage, sondern auch eine philosophische. Denn damit gibt er sich - neben allem anderen - zugleich als Philosoph zu erkennen, der das grundlegende Gebot der antiken Philosophie erfüllt hat: "Erkenne dich selbst!" Seine Selbsterkenntnis dient damit nicht der Selbstentwertung; sie zeugt vielmehr von einem ausgeprägten Selbstbewusstsein. Nicht von ungefähr bezeichnet sich der Apostel selbst gelegentlich als Vorbild (Phil 3,17; 2 Tim 1,13) und fordert beispielsweise die Christen in Korinth auf, seinem Beispiel zu folgen (1 Kor 4,16; 1 Kor 10,34). Dem Apostel Petrus widersteht er "ins Angesicht" (Gal 2,11), und in der Auseinandersetzung mit anderen Aposteln weist Paulus nachdrücklich darauf hin, dass er mehr gearbeitet habe, öfter gefangen gewesen sei, mehr Schläge erlitten habe und darum auch weit mehr Diener Christi sei als sie (2 Kor 11,23). Dieses Selbstbewusstsein artikuliert sich gleich noch einmal, wenn der Apostel seine Leser ermahnt, den alten Menschen abzulegen und den Herrn Jesus Christus anzuziehen. Denn hier bedient sich Paulus eines Bildes aus der Welt des Militärs; ursprünglich spricht diese Redewendung vom Einkleiden der Soldaten. Das markiert einen Herrschaftswechsel; die Soldaten werden damit aus ihren bisherigen Abhängigkeitsverhältnissen herausgelöst und einer neuen Autorität unterstellt. Davon werden sie zunächst einmal keine anderen, aber sie gehören einem anderen. Sie hören auf einen anderen. Laut Gal 3,27 geschieht dieser Herrschaftswechsel in der Taufe, "denn ihr alle, die ihr auf Christus getauft sind, habt Christus angezogen". Für ihn wie für uns steht dieser Herrschaftswechsel deshalb nicht mehr aus; er ist bereits vollzogen: Als Christen haben wir den alten Menschen mit seinen Handlungen bereits aus- und den neuen Menschen angezogen (Kol 3,9-10). Was bleibt, ist "lediglich" die Verpflichtung, nun auch so zu leben.

Von daher finde ich mit Paulus in der Schrift vor allem solche Worte, die dazu angetan sind, mein Selbstbewusstsein zu stärken. Wir sind alle Geschöpfe Gottes, „Seiner Hände Werk", Reiche und Arme (Spr 22,2), Sehende und Blinde (2 Mo 4,11). Diese Aufzählung hat ihren Sinn. Sie unterstreicht: Weder der Arme noch der Blinde ist davon ausgeschlossen; aber auch der Reiche und der Sehende entkommt dem nicht; in dieser Beziehung sind wir alle gleich. Und auch darin sind wir uns gleich: Wir sind alle im Bilde Gottes geschaffen. Was so viel heißt wie: Reiche und Arme, Sehende und Blinde sind ihm gleichermaßen ähnlich (1 Mo 5,1). Das überrascht jetzt vielleicht, denn wenn das so ist - worin sollte diese Ebenbildlichkeit dann wohl bestehen? Ganze Theologengenerationen haben darüber nachgedacht und sind zu keinem Ergebnis gekommen. Mit gutem Grund. Denn: Nicht worin diese Ebenbildlichkeit besteht, sagt uns die Bibel, sondern was für Konsequenzen sie hat: Sie begründet die Todesstrafe für Mord (1 Mo 9,6). Von daher erschließt sich die Rede von der Gottebenbildlichkeit des Menschen als eine Aussage nicht über irgend welche Eigenschaften, die den Menschen gottähnlich erscheinen lassen könnten, sondern als ein Werturteil: Gott hat den Menschen "wenig niedriger als Gott" (Ps 8,6) gemacht. Das ist das eine. Und das andere ist: Das alles gilt nicht nur im Rückblick auf den Anfang, das gilt auch heute: Gott hat jeden von uns ganz individuell im Mutterschoß bereitet (Ps 139,13)! Dass es uns gibt, ist deshalb kein Zufall, kein Versehen, dahinter steckt eine Absicht, ein Wille, ein Plan - und die Hoffnung, wir möchten diese Absicht, diesen Willen, diesen Plan erkennen und uns darauf einlassen. Als Gläubige sind wir zudem ein auserwähltes Geschlecht, ein königliches Priestertum, ein heiliges Volk (1 Petr 2,9); nicht weil wir ihn, sondern weil er uns erwählt hat (Joh 15,16) - vor Grundlegung der Welt (Eph 1,4-5)!

Für mich gibt es nichts Größeres. Und auch nichts Schöneres. Denn das, was Gott dazu bewegt hat, mich zu erwählen, das ist nichts anderes als - Liebe! Das macht mich zunächst einmal sprachlos. Denn ich weiß so gut wie Paulus, dass in mir, das ist in meinem Fleisch, nichts Gutes wohnt. Diese Liebe ist deshalb bedingungslose Liebe, die mir gilt, so wie ich bin. Als bedingungslose Liebe ist sie zugleich befreiende Liebe: Gottes Ja zu mir befreit mich dazu, auch selber Ja zu mir zu sagen. Denn wenn Er mich annimmt, so wie ich bin, wie sollte ich mich da nicht annehmen? Andernfalls müsste ich Ihn zurechtweisen und Ihm sagen: Du machst da einen Fehler. Doch der Fehler läge bei mir. Und das nicht etwa nur für den Fall, dass ich diese göttliche Liebe einfach zurückweisen sollte. Sondern auch für den Fall, dass ich mich auf sie einlassen wollte, ohne sie wirklich auf mich zu beziehen: Die göttliche Hoffnung, ich könnte mich auf Seinen Willen einlassen, müsste dann als bloße Forderung erscheinen, und die apostolische Ermahnung, mein Wesen durch Erneuerung meines Sinnes zu verändern und also an mir zu arbeiten, als einfacher Befehl. Nachkommen könnte ich unter diesen Umständen freilich weder dem einen noch dem anderen.

Gewiss: Das Dichten und Trachten des menschlichen Herzens ist böse von Jugend auf (1 Mo 8,21). Gewiss: Wir sind allzumal Sünder und mangeln des Ruhmes, den wir bei Gott haben sollten (Röm 3,23). Gewiss: Der Sünde Sold ist der Tod (Röm 6,23). Und wenn das alles wäre, was die Bibel uns zu sagen hätte, dann - aber auch nur dann - dürften Selbstverwerfung und Selbsthass das letzte Wort behalten. Ist es aber nicht. Mich fasziniert in diesem Zusammenhang immer wieder das Beispiel des Petrus. Denn Petrus hat seinen Herrn in einer einzigen Nacht dreimal verraten und ist dann hinausgegangen und hat bitterlich geweint. Selbstverwerfung und Selbsthass überkamen ihn wie schon einmal, als er seinem Herrn das erste Mal begegnete. Alles, was er in dieser Situation noch zu sagen hatte, war: "Herr, geh weg von mir, ich bin ein sündiger Mensch!" Aber das ist nicht das letzte, was wir von ihm hören. Schon wenig später nimmt er sein Kreuz auf sich und steht seinen Mann - in der Gemeindeleitung in Jerusalem, wie wir das im Neuen Testament sehen, und in seinem Märtyrertod in Rom, von dem die Legende erzählt. Weil Jesus Petrus nicht aufgibt. Und weil deshalb Petrus sich auch nicht aufgeben muss. So macht gerade Petrus uns deutlich: Sich selbst verleugnen und sein Kreuz auf sich nehmen kann nur, wer sich selbst angenommen hat. Und wer sollte, wer sich selbst angenommen weiß, sich nicht selbst annehmen?

Diese Überlegung ist für mein Mensch-Sein so gut wie für mein Christ-Sein von entscheidender Bedeutung. Denn sie verdeutlicht mir nicht nur den Grund meiner Existenz, sie ist zugleich die Grundlage meiner Identität. Mit Paulus halte ich deshalb daran fest, "dass weder Tod noch Leben, weder Engel noch Mächte noch Gewalten, weder Gegenwärtiges noch Zukünftiges, weder Hohes noch Tiefes noch eine andere Kreatur uns scheiden kann von der Liebe Gottes, die in Christus Jesus ist, unserem Herrn." (Röm 8, 38-39) Dieses Wissen gibt mir zugleich die Gelassenheit, meine Verantwortung für mich selbst zu übernehmen und an mir zu arbeiten, statt "die Einmaligkeit dieses Opfertodes... zur Korrektur von negativen Verhaltensweisen (zu) beanspruchen, die zwar auf dem Hintergrund einer 'gefallenen Welt' entstanden sind, aber auch unter Umständen relativ leicht durch eine Veränderung der Verhältnisse beeinflusst werden können."[102] Ich komme darauf zurück. Von daher ist mir aber auch klar: Diese Liebe ist durch nichts und niemanden zu ersetzen. Mit anderen Worten: Schuld lässt sich nicht wegtherapieren. Oder, um es noch einmal mit Michael Dieterich zu sagen: "Auch der bestens ausgebildete Psychotherapeut ist nicht in der Lage, psychische Störungen, die ihre Ursache in nichtvergebener Schuld haben, mit therapeutischen Techniken aufzulösen."[103]

"Wider die Psychohäresie in der Seelsorge"

In den Jahren 2000 und 2001 veranstaltete die Bekenntnisbewegung "Kein anderes Evangelium" je einen Psychologiekongress. Der erste fand am 4. und 5. Februar 2000 in Gießen statt; er stand unter dem Thema "Wider die Psychohäresie in der Seelsorge. Christliche Seelsorge im Spannungsfeld von Bibel und Psychotherapie". Die Referate dieser Tagung sind auszugs-

---

[102] Michael Dieterich, Psychologie contra Seelsorge?, a.a.O., S. 51
[103] Michael Dieterich, Wir brauchen Entspannung, a.a.O., S. 68

weise dokumentiert[104]. Der zweite fand am 16. und 17. März 2001 ebenfalls in Gießen statt. Er stand unter dem Thema "Seelsorge und Verkündigung. Perspektiven einer biblischen Seelsorgepraxis im Dienst der Gemeinde Jesu Christi". Hier liegen die Referate von Reinhard Slenczka und Thomas Sören Hoffmann gedruckt vor[105]. Diese Kongresse fassen die bisherige Diskussion zusammen und führen die Auseinandersetzung weiter.

Ausgangspunkt ihrer Erörterungen ist die Feststellung Thomas Sören Hoffmanns: "Zwischen Seelsorge und Therapie findet immer ein 'Verdrängungswettbewerb' statt"[106]. Nun muss ich gestehen: Ich habe diesen Satz nie verstanden. Denn wenn Seelsorge und Therapie etwas je eigenes, voneinander deutlich Unterschiedenes sind - und das wurde und wird von den mit der Bekenntnisbewegung verbundenen Theologen immer wieder betont, und davon gehe auch ich aus - dann sehe ich nicht, wie das eine das andere verdrängen könnte. Ich will versuchen, diese Überlegung dadurch zu verdeutlichen, dass ich in einem Bild spreche und anstelle von Seelsorge und Therapie von Äpfeln und Birnen rede. Denn: Wie könnten Äpfel Birnen verdrängen? Und doch hat es für die in Gießen Versammelten den Anschein, als sei genau das geschehen. So klagt der Vorsitzen-

---

[104] Wider die Psychohäresie in der Seelsorge. Referate von dem ersten Psychologie-Kongress der Bekenntnisbewegung "Kein anderes Evangelium" 04.-05. Februar 2000, Gießen (Info spezial Nr. 10/2000)

[105] Reinhard Slenczka, Seelsorge unter Gesetz und Evangelium. Vortrag vom Kongress der Bekenntnisbewegung "Kein anderes Evangelium" am 16./17. März 2001 in Gießen "Seelsorge und Verkündigung". Perspektiven einer biblischen Seelsorgepraxis im Dienst der Gemeinde Jesu Christi (Info spezial Nr. 15/2001); Thomas Sören Hoffmann, Das "Geschäft des ewigen Lebens" a.a.O.

[106] Thomas Sören Hoffmann, Die Seele zwischen Kreuz und Couch, in: Wider die Psychohäresie in der Seelsorge, a.a.O., S. 4

de der Bekenntnisbewegung, Hansfrieder Hellenschmidt: "Der therapeutische Experte ist ganz selbstverständlich an die Stelle des Seelsorgers getreten und ungeniert legt die Psychotherapie die Hand auf alles, was mit dem Innenleben des Menschen zu tun hat. Der an der Tradition gebildete Seelsorger kann angesichts dieser Tatsache nur noch von einer weitverbreiteten Häresie in der Seelsorge sprechen."[107]

Schaut man jedoch genauer hin, dann ist nicht Seelsorge durch Therapie verdrängt worden, dann ist zunächst einmal - im Zuge der Ablösung einer am Wort Gottes ausgerichteten, kerygmatischen durch eine historisch-kritisch-psychologische Theologie - ein Seelsorgeverständnis durch ein anderes abgelöst worden: Erst nachdem Seelsorge zur Psychotherapie im kirchlichen Kontext wurde, und erst nachdem der Seelsorger sich selbst als Therapeut verstand, konnte die Konkurrenzsituation entstehen, die in Gießen immer wieder beklagt wird. Dessen ungeachtet urteilt wiederum Hoffmann: "In der westlichen Welt haben im Zeichen der Säkularisierung und des großräumigen Erlöschens eines eigentlich religiösen Lebens die geistliche Unterweisung, Ermahnung und Zielorientierung in gleichem Maße an 'Attraktivität' eingebüßt, wie sich die Praxen der Nervenärzte, Psychiater und Psychotherapeuten füllten."[108] Und so bleibe ich skeptisch. Was meint Hoffmann mit dem großräumigem Erlöschen eines eigentlich religiösen Lebens? Denn das religiöse Leben blüht - wenn auch außerhalb der Kirche und abseits des überlieferten Christentums. "Diese angeblich religionslose Welt ist voll von Religion. Die neuen Formen von Religiosität haben sich freilich im wesentlichen neben den Kirchen und an

---

[107] Hansfrieder Hellenschmidt, Der Mensch vor Gott – Seelsorge unter dem Wort, in: Wider die Psychohäresie in der Seelsorge, a.a.O., S. 9
[108] Thomas Sören Hoffmann, a.a.O., S. 2

ihnen vorbei entwickelt und etabliert. Wer sich heute etwa in unseren Großstädten umsieht, wird zwar immer leerere Kirchen entdecken können, aber gleichzeitig eine Fülle religiöser oder religionsartiger Angebote."[109] Und wenn Hoffmann mit dem "eigentlich" religiösen Leben den christlichen Glauben gemeint haben sollte, dann kann ich dem nur entgegenhalten, dass schon Luther zu seiner Zeit kein "großräumiges", in diesem Sinne eigentlich religiöses Leben ausmachen konnte. Nun will ich gerne einräumen, dass es damals wohl einen Luther gebraucht hat, um das zu erkennen; der äußere Druck, zumindest den Anschein eines solchen Lebens aufrechtzuerhalten, war stark genug. Dabei heißt es schon im Neuen Testament, dass die Nachfolger Christi eine kleine Herde sind. Daran hat auch ihre Entwicklung zur Staatskirche nichts ändern können; sie hat es lediglich jahrhundertelang verdeckt. Von daher bin ich fast geneigt, die hier von Hoffmann, Hellenschmidt und anderen beklagte Säkularisierung als Chance zu begreifen. Weil sie deutlich macht, was unter der Oberfläche verborgen schon immer Wirklichkeit war. Zugleich frage ich mich, inwieweit wir Christen selbst zu dieser Entwicklung beigetragen haben. Es könnte doch sein, dass wir beispielsweise in einer Sprache gefangen sind, die für uns unantastbar ist, weil wir sie für biblisch halten, die heute aber niemand mehr versteht, weil sich die Verhältnisse zum Teil grundlegend verändert haben. Nicht nur unsere Gesangbücher sind schier unerschöpfliche Fundgruben einschlägiger Beispiele: Was vermittle ich eigentlich, wenn ich singe: Jesus Christus herrscht als König? Denn wer weiß heute noch, was ein König ist - oder, besser noch, was ein König einmal war? Schließlich gibt es kaum noch Könige, und die wenigen Könige, die es noch gibt, herrschen nicht.

---

[109] Gottfried Küenzlen, Die Wiederkehr der Religion. Lage und Schicksal in der säkularen Moderne, München 2003, S. 73

In diesem Zusammenhang ist es von besonderem Interesse, wenn in Gießen nicht nur die Bibel, sondern ausdrücklich das Wort der Bibel herausgestellt wird. So betont Hansfrieder Hellenschmidt in seiner Einleitung zur Dokumentation des ersten Psychologie-Kongresses der Bekenntnisbewegung im Jahre 2000: "Die Bibel lässt uns deutlich erkennen, dass Christus die Seinen mit seinem Worte führt und sie durch sein Wort segnet. Die dem Wort der Bibel fremden Methoden und Praktiken führen nicht weiter."[110] Dieser Feststellung kommt um so größeres Gewicht zu, als Hellenschmidt in Gießen selbst - wiederum unter Berufung auf die Bibel - die Existenz psychischer Krankheiten ausdrücklich verneint[111]. Diese Feststellung ist aber auch deshalb von Bedeutung, weil sie die Ausweitung der Auseinandersetzung ermöglicht - nun nicht mehr nur mit der neuen Seelsorgebewegung, die Seelsorge als Psychotherapie im kirchlichen Kontext bestimmt hatte, sondern auch und erst recht mit jedem Versuch, angewandte Psychologie und kerygmatische Seelsorge miteinander zu verbinden.

So unterzieht Wolfgang Nestvogel die "Biblisch-Therapeutische Seelsorge" (BTS) einer vernichtenden Kritik: Die Deutsche Gesellschaft für Biblisch-Therapeutische Seelsorge (seit 2000 Fachgesellschaft für Psychologie und Seelsorge) wurde 1987 von Michael Dieterich gegründet und zunächst von der Ludwig-Hofacker-Vereinigung unterstützt. Sie gründet in der Überzeugung, dass wissenschaftliche Ergebnisse aus der Psychotherapieforschung und christlicher Glaube zusammengeführt werden können. Dazu heißt es bei Dieterich: "Wir können nachweisen, dass Ideologien bzw. Weltanschauungen das praktische (methodische) Vorgehen nicht zwingend bedingen müs-

---

[110] Wider die Psychohäresie in der Seelsorge, a.a.O., S. 1
[111] Hansfrieder Hellenschmidt, Der Mensch vor Gott, a.a.O., S. 11

sen. Für die Praxis bedeutet dies, dass eine große Anzahl der aus der Psychotherapie bekannten Vorgehensweisen (z.B. Elemente der Gesprächspsychotherapie, der Verhaltenstherapie, der Individualpsychologie usw.) unabhängig von ihrem ideologischen Überbau (z.b. dem Humanismus) in ihrem schöpfungsgemäßen Zusammenhang wahrgenommen und im Sinne der biblischen Anthropologie eingesetzt werden können."[112] - "Die psychotherapeutischen Methoden, die wir in der BTS einsetzen (z.b. zur Verbesserung der Kommunikation, zum Lernen und Umdenken, zur Deutlichmachung frühkindlicher Erfahrungen usw.), haben wir gründlich geprüft. Sie sind wissenschaftlich anerkannt und spiegeln die Gesetzmäßigkeit der Schöpfung Gottes im Zusammenleben von Menschen wider. Ihre Wirkungen sind empirisch belegt. Deshalb meinen wir: Wer solche therapeutischen Methoden ablehnt, missachtet auch die Ordnung des Verhaltens und Erlebens, die Jesus selbst geschaffen hat."[113] In zwei Sätzen zusammengefasst, lautet die Kritik Nestvogels deshalb: "BTS bestreitet die Suffizienz (Genügsamkeit) der Bibel für die Seelsorge, indem sie Psychotherapie für unverzichtbar erklärt."[114] - "Wer als Seelsorger oder Ratsuchender mit dem Angebot der BTS konfrontiert wird, steht vor der Herausforderung, sich zwischen ihr oder Bibel zu entscheiden."[115] Doch Nestvogel tut der BTS unrecht. Auch sie bekennt sich zu dem reformatorischen Grundsatz, „allein die

---

[112] Michael Dieterich (Hg.), Biblisch-therapeutische Seelsorge BTS. Entstehungsgeschichte, Grundlagen und praktische Einsatzmöglichkeiten einer Seelsorge für Menschen unserer Tage. Nenzingen 1993 (2. Aufl.), S. 9
[113] a.a.O., S. 24
[114] Wolfgang Nestvogel, Weltanschauliches Konzept oder Handwerkszeug? Anmerkungen zum Anspruch der "Biblisch-Therapeutischen Seelsorge" (BTS), in: Wider die Psychohäresie in der Seelsorge, a.a.O., S. 18. So auch Roland Antholzer, Biblisch-therapeutische Seelsorge (BTS). Nachdruck aus "Bibel und Gemeinde" 1998 – 1/2. Hammerbrücke 2003
[115] a.a.O., S. 19

Schrift - sola scriptura". Der Unterschied liegt lediglich darin, dass sie, anders als Nestvogel, auch mit psychischen Erkrankungen rechnet. Und nur im Blick darauf bezieht sie neben der Bibel auch psychotherapeutische Interventionen in ihre Arbeit ein.

Und so verurteilen Klaus Giebel und Roland Antholzer die Seelsorgepraxis Reinhold Ruthes als unverantwortlich. Ausschlaggebend dafür sind im wesentlichen drei Gründe. Einmal sehen die psychotherapeutischen Methoden "den Menschen nicht in seinem Bezug zu Gott und können ihn deshalb nicht wirklich verstehen. Ihre Hilfe greift somit immer zu kurz, weil Fragen der Schuld und des Lebenssinns unbeantwortet bleiben oder falsch beantwortet werden. Der Mensch ist, wo es um Veränderung seines Lebens geht, auf seine eigenen Ressourcen verwiesen: Er muss an sich arbeiten. Die Seelsorge wird dagegen auf die Ressourcen Gottes verweisen und sagen: Lass Christus an dir arbeiten!"[116] Zum anderen sind die jeweiligen Zielsetzungen von Psychotherapie und Seelsorge unvereinbar: Ziel der Seelsorge ist es, den Ratsuchenden in eine rechte Gottesbeziehung zu bringen. Sie zielt deshalb darauf ab, dass das eigene Ich abtritt und Christus Raum gibt, während die Psychotherapie gerade um Ichstärke, Selbstbestimmung, Selbstverwirklichung bemüht ist. Und zum dritten sind die psychotherapeutischen Methoden mit den entsprechenden unbiblischen Menschenbildern ihrer Begründer (Freud, Jung, Rogers u.a.) untrennbar verwoben. Wer sich auf diese Methoden einlässt, öffnet sich deshalb zugleich den hinter ihnen stehenden Mächten.

---

[116] Roland Antholzer, Zur Integration psychotherapeutischer Methoden in die Seelsorge, in: Wider die Psychohäresie in der Seelsorge, a.a.O., S. 7

In diesem Zusammenhang spricht Thomas Sören Hoffmann sogar von der Lebenslüge christlicher Therapie. Diese Lebenslüge besteht für ihn darin, "dass man einen angeblich 'harten', 'wissenschaftlichen' Unterbau der verschiedenen Psychotherapien von einer weltanschaulichen bloßen 'Überformung' abtrennen könne. Diese Konstruktion ist im Blick auf den wissenschaftstheoretischen Status aller empirischen Psychologie und Psychotherapie absolut unhaltbar. Als Technik ist jede Psychotherapie bis in ihre scheinbar 'unschuldigsten' Grundbegriffe hinein nach Handlungs- und Zweckgesichtspunkten strukturiert. Sie hat diese Gesichtspunkte nicht 'entdeckt', sondern geschaffen. Schon die Anwendung eines 'objektiven' Modells - gleich welches - auf einen Menschen, also ein Geistwesen (und auch in seiner Seele ist der Mensch, anders als das Tier, Geist), hat, indem sie den Menschen zu einem Stück Natur macht, naturalistische Implikationen: der konsequente Therapeut wird ihnen folgen und, anders als der Seelsorger, das, was für den Menschen 'gut' ist, etwa als das 'Lebensdienliche', das Vitale und 'Lustvolle' bestimmen. Auf der Couch gibt es keine anderen Horizonte - anders jedoch unter dem Kreuz, durch das die Naturmaßstäbe durchgestrichen und als heidnisch entlarvt sind."[117]

Hoffmann kommt damit das Verdienst zu, die Kritik der übrigen Referenten, die in einer eher vagen Begrifflichkeit aufscheint, bis ins letzte durchdacht und damit erst wirklich greifbar gemacht zu haben; nicht von ungefähr ist Hoffmann Professor für Philosophie an der Rheinischen Friedrich-Wilhelms-Universität Bonn. Aber damit wird diese Kritik auch angreifbar. So möchte ich zunächst zu bedenken geben, dass dieselbe nach Zweckgesichtspunkten strukturierte Handlung - in der an-

---

[117] Thomas Sören Hoffmann, a.a.O., S. 4

gewandten Psychologie spricht man in diesem Zusammenhang von einer Intervention - in ganz unterschiedlichen Therapien eingesetzt wird. Ein Beispiel dafür ist die sog. paradoxe Intention (so heißt die entsprechende Intervention in der Logotherapie), die paradoxe Intervention (unter diesem Namen ist sie in der Verhaltenstherapie bekannt) bzw. die Symptomverschreibung (so wird sie in den systemischen Therapieansätzen bezeichnet). Was damit gemeint ist, lässt sich an einem Beispiel am besten verdeutlichen: Da leidet eine Person daran, dass sie übermäßig schwitzt und rot wird, wenn sie vor Publikum spricht. Sie sucht deshalb professionelle Hilfe und bekommt von ihrem Therapeuten die Aufgabe gestellt, es ihrem Publikum beim nächsten Mal so richtig zu zeigen und so stark zu schwitzen und so rot zu werden wie noch nie. Mit anderen Worten: Sie soll genau die Symptome produzieren, die sie abstellen möchte. Der Begriff der Symptomverschreibung bringt diesen Sachverhalt sehr schön zum Ausdruck. Ebenso deutlich ist die Paradoxie dieser Intervention bzw. Intention. Die unterschiedlichen Bezeichnungen verweisen dabei nicht etwa auf Differenzen in der Vorgehensweise, sondern auf unterschiedliche Verstehensweisen und Erklärungsversuche. Deutlicher lässt sich die Unabhängigkeit einer solchen Intervention von ihrer "weltanschaulichen Überformung" wohl kaum aufzeigen. Bei Michael Dieterich finde ich dafür folgende Erklärung: "Wissenschaftler können zwar ihre Beobachtungen vor ihrem Denkhorizont ideologisch interpretieren, aber, so weit sie empirisch-wissenschaftlich arbeiten, können sie nur beobachten, was in Gottes Schöpfung besteht."[118]

Zwar wird der Mensch hier nicht in seiner Beziehung zu Gott gesehen, aber greift diese Hilfe deswegen wirklich zu kurz? Ich

---

[118] Michael Dieterich, a.a.O., S. 71

69

denke, nein. Denn dass diese Intervention in der Regel das gewünschte Ergebnis zur Folge hat, ist erwiesen. Zwar wird der Ratsuchende selbst für den Fall, dass diese Intervention im Einzelfall dann doch einmal dazu führt, dass er noch stärker schwitzt und noch röter wird als sonst, konsequent auf seine eigenen Möglichkeiten hingewiesen. Da wird ihm dann gesagt: Was du verstärken kannst, das kannst du auch abschwächen! Aber ist diese Vorgehensweise deshalb wirklich nicht gut? Ich denke, doch. Zwar ist das Ziel dieser Intervention eine Verbesserung der Lebensqualität. Aber ist das unter dem Kreuz wirklich als heidnisch entlarvt? An dieser Stelle mag ein Blick auf die körperorientierte (somatische) Medizin hilfreich sein: Wenn der Unfallarzt einen Gipsverband anlegt, dann sieht auch er den Verletzten dabei nicht in seiner Gottesbeziehung, sondern tut ganz einfach das "Lebensdienliche". Er respektiert damit - nicht anders als der Therapeut - dass Therapie keine Seelsorge ist. Das macht die Grenze ihrer Interventionen deutlich. Das lässt sie aber auch (in ihren Grenzen!) als ausgesprochen sinnvoll erscheinen.

Ganz anders fällt das übereinstimmende Urteil der Referenten an diesen Psychologie-Kongressen aus. (1) Unter Berufung auf die Bibel verneinen sie die Existenz psychischer Erkrankungen; die angewandte Psychologie gilt ihnen von daher zunächst als entbehrlich. (2) Anstelle von Psychotherapie ist für sie daher in jedem Falle Seelsorge gefordert; daraus resultiert sodann der Vorwurf an die Adresse der angewandten Psychologie, den Ratsuchenden nicht auf sein Gottesverhältnis hin anzusprechen, sondern bei seinen eigenen Möglichkeiten zu behaften, ihn statt Gottvertrauen Selbstvertrauen zu lehren. (3) So übersetzt sich für sie zuletzt der Gegensatz Seelsorge - angewandte Psychologie in das Gegensatzpaar heilschaffender Glaube -

unbiblischer Humanismus; jeder, der in Kontakt mit der angewandten Psychologie kommt, öffnet sich ihrer Überzeugung nach den dahinter stehenden, widergöttlichen Mächten.

Nicht unerwähnt bleiben sollen an dieser Stelle auch die Veröffentlichungen von Martin Heide und Carsten Evers. Wie die bereits dargestellten Psychologiekongresse bieten auch sie eine Zusammenfassung und Weiterführung dieser Auseinandersetzung. So handelt es sich bei dem von Carsten Evers herausgegebenen Buch, "Die Psychologisierung der Gemeinde", um einen Sammelband, der inzwischen vergriffene Beiträge unter anderem von Roland Antholzer, Thomas Sören Hoffmann, Els Nannen, Wolfgang Nestvogel und Klaus Giebel einer interessierten Leserschaft erneut zugänglich macht[119]. Und Martin Heides 1982 in erster Auflage erschienenes Buch, "Irrwege des Heils", ist wenig mehr als eine Zitatensammlung. Doch genau das macht es so interessant. Der Gegenstand, um den sich Heide darin bemüht, ist so weit gefasst, wie schon bei Blatter und König; auch ihm geht es um so unterschiedliche Dinge wie Autogenes Training und Transzendentale Meditation, Akupunktur und Krishna-Bewegung, wenn auch in einer charakteristischen Zuspitzung: Er bring sie alle miteinander auf den gemeinsamen Nenner des Okkultismus. Und wie bei Pfeifer hat das auch bei Heide seine endzeitliche Dimension. Denn, so Heide wörtlich: "Unser Universum wird mehr und mehr von okkulten Kräften durchdrungen. Spiritismus und Okkultismus haben sich heute nahezu über die ganze Welt ausgebreitet."[120] -

---

[119] Carsten Evers (Hg.), Die Psychologisierung der Gemeinde. Hamburg o.J., S. 7

[120] Martin Heide, Irrwege des Heils, Asslar 1990 (5., erw., überarb. Aufl.), S. 7; Heide ist Facharzt für innere Medizin und Chefarzt einer Kurklinik in Bad Laasphe.

"Der Mensch wird heute stärker denn je von der dämonischen Macht bedroht. Satan weiß, dass er nur noch wenig Zeit hat!"[121]

Ich halte dagegen: Das hat es immer gegeben, und das wird es immer geben, so wahr diese Welt eine gefallene Welt ist. So macht beispielsweise Roland Antholzer in diesem Zusammenhang die Beobachtung: "Zunehmend sind auch die Spiele schon der ganz kleinen Kinder erfüllt von Hexen, Elfen, Gnomen, Zwergen, guten und bösen Geistern, magischen Kräften und Waffen, Zauberformeln usw."[122] Wer jedoch die Märchensammlungen der Gebrüder Grimm oder Ludwig Bechsteins kennt, der weiß, dass Hexen, Elfen, Gnome, Zwerge usw. kleinen Kindern auch in den vergangenen Jahrhunderten nicht eben fremd waren. Was sich seither geändert hat, ist deshalb allenfalls die Form, die literarische Gattung, nicht der Inhalt. Von daher scheint mir die Bedrohung durch satanische Mächte heute nicht größer als damals, nicht größer auch als zur Zeit des Apostels Petrus. Denn schon von ihm stammt die Warnung: "Seid nüchtern und wacht; denn euer Widersacher, der Teufel, geht umher wie ein brüllender Löwe und sucht, wen er verschlinge." (1 Petr 5,8) Unter dieser Voraussetzung meine ich - zumindest in unserem Kulturkreis - so etwas wie eine Verlagerung dieser Bedrohung, weg von dem im überkommenen Sinne Okkulten, zu beobachten. Denn "okkult" hieß einstmals geheim, und das war es auch. Für Uneingeweihte gab es kaum Möglichkeiten, etwas darüber in Erfahrung zu bringen. Heute dagegen gibt es kaum ein Geheimnis, das nicht gelüftet wäre, und dessen Auflösung nicht um wenige Euro in jeder Buchhandlung erhältlich wäre. Das hat Konsequenzen: In seinem

---

[121] a.a.O., S. 35
[122] Roland Antholzer, Mächte der Bosheit. Okkultbedrohung und Seelsorge. Berneck 1998 (2. Aufl.), S. 47

äußeren Vollzug ist damit an die Stelle einer ritualisierten Einweihung die bare Zahlung getreten. Und auf der inhaltlichen Ebene hat eine durchgreifende Banalisierung stattgefunden[123].

Dasselbe gilt meines Erachtens auf medizinischem Gebiet. Für Heide breitet sich hier vor allem der Okkultismus aus, wenn unter dem Deckmantel neuer Heilmethoden und Übungen zur körperlich-seelischen Stabilisierung das Interesse an Yoga, Transzendentaler Meditation usw. geweckt wird. Denn auch das ist im wesentlichen Geschäft. Für Heide sind dies jedoch besonders gefährliche Bereiche, "in denen die spiritistischen und okkulten Grundlagen nicht ohne weiteres erkennbar sind. So besteht auch für Christen die Gefahr, mit finsteren Dingen in Berührung zu kommen."[124] - "Harmlos erscheinende Angelegenheiten oder gar angeblich wertvolle Lebenshilfen können ihn daher unter einen satanischen Bann bringen!"[125] - "Ahnungslos spielt er mit dem Feuer und erkennt den Schaden erst, wenn es bereits zu spät ist."[126] In diesem Sinne argumentiert

---

[123] Der Volkskundler Christoph Daxelmüller stellt dazu fest: „Die Wurzeln der modernen Esoterik, von New Age und Teenager-Okkultismus führen sich nur teilweise auf die traditionelle Magie zurück" (Christoph Daxelmüller, Zauberpraktiken. Die Ideengeschichte der Magie, Düsseldorf 2005, S. 41); diese „bildete in der historischen Gesellschaft ein verbindliches Kommunikationssystem; darin aber unterscheidet sie sich von der Hochkonjunktur der Esoterik in der Gegenwart." (a.a.O., S. 42) Und die Ethnologin Sabine Doering-Manteuffel ergänzt: „Spirituelle Rituale und esoterisch aufgeladene Gegenstände sind reine Handelsware. Sie verändern ihre Gestalt mit dem Sättigungsgrad des Marktes und richten sich fortwährend nach neuen Bedürfnissen der Konsumenten aus." (Sabine Doering-Manteuffel, Das Okkulte. Eine Erfolgsgeschichte im Schatten der Aufklärung von Gutenberg bis zum World Wide Web. München 2008, S. 288)

[124] Martin Heide, a.a.O., S. 9

[125] a.a.O., S. 32

[126] a.a.O., S. 108

Heide beispielsweise, dass im Mittelpunkt des Autogenen Trainings das Ich steht, und dass das Autogene Training von daher als eine der vielen Formen der menschlichen Selbsterlösung zu gelten hat: Der Übende ist ganz in sich hineinvertieft, ganz auf sein Ich konzentriert. Was dadurch entsteht, ist der krasseste Egoismus - "wie beim Spiritismus"[127].

In diesem Zusammenhang ist mir zweierlei wichtig: (1) "dass es in Bezug auf okkulte Einflüsse niemals auf die Methode allein ankommt, sondern auf die innere Haltung und Einstellung des Anwenders und auch des Patienten, der diese Hilfe sucht."[128] und (2) dass "gerade der Christ nicht in der ständigen Angst vor dämonischen Mächten zu leben (braucht - RS); er ist durch Jesus Christus befreit und geschützt vor allen derartigen Einflüssen, wenn er sie nicht ganz bewusst selbst sucht."[129] Unter dieser doppelten Voraussetzung bin ich gerne bereit zuzugeben: Natürlich hat Heide recht, wenn er sagt: "Eine Entspannungsmethode - ganz gleich wie wir sie nennen - kann ein echtes Glaubensleben weder ersetzen noch mit Inhalt füllen!"[130] Doch vermag ich darin, anders als Heide, keine Alternative zu sehen.

Im Licht der von der Bekenntnisbewegung „Kein anderes Evangelium" durchgeführten Psychologie-Kongresse ist das Häresie. Auf der anderen Seite frage ich mich, ob ein Glaube, der sich permanent herausgefordert, angegriffen und in die Ecke gedrängt fühlt; der die Seelsorge von der angewandten Psychologie nicht nur bedrängt, sondern verdrängt wähnt; der

---

[127] a.a.O., S. 127
[128] Wolfgang Vreemann, Was hilft, was heilt? Ein Arzt beantwortet Fragen zur alternativen Medizin, Wuppertal 2000 (2. Aufl.), S. 36
[129] a.a.O., S. 38
[130] Manfred Heide, a.a.O., S. 113

fürchtet, ohne es zu wissen und darum auch ohne es zu wollen, mit finsteren Mächten in Berührung zu kommen; der Angst hat, unter einen satanischen Bann zu geraten und das erst zu merken, wenn es schon zu spät ist - mit einem Wort: ob ein ängstlicher Glaube - wohl der rechte Glaube sein kann. Gewiss, „In der Welt habt ihr Angst", sagt Jesus Joh 16,33. Aber das muss ich mir nicht erst sagen lassen, das weiß ich längst. Was ich mir aber sagen lassen und woran ich dann auch glauben darf, ist dies: „Seid getrost, ich habe die Welt überwunden."

Biblische Seelsorge contra Psychotherapie?

Derzeit sind es vor allem zwei Werke, die die Frage, Biblische Seelsorge contra Psychotherapie?, wach halten - die Gemeindeorientierte Initiative für Biblische Beratung (GIBB) und das Missionswerk "Christen im Dienst an Kranken" (CDK). Von ihnen soll in diesem und im nächsten Kapitel die Rede sein. So bietet zunächst die 1985 gegründete Gemeindeorientierte Initiative für Biblische Beratung vor allem eine biblisch fundierte Seelsorgeausbildung an; nach eigenen Angaben hat sie seit ihrer Gründung in rund 560 Kursen an die 17.000 Teilnehmer geschult. Angeboten werden vier Grund- und vier Aufbaukurse zu den Themenkreisen Allgemeine Seelsorgepraxis (Grundkurs 1 und 2) sowie Theologische (Grundkurse 3 und 4), Psychologische (Aufbaukurse 1 und 2) und Medizinisch-psychiatrische (Aufbaukurse 3 und 4) Grundlagen für die Seelsorge. Hinzu kommen zwei Trainingskurse: "Praktische Übungen" und "Fallbesprechungen". In ihrem Internetauftritt[131] entfaltet die Initiative das Eigentümliche biblischer Seelsorge. Biblische

---

[131] www.gibb.info

Beratung oder Seelsorge unterscheidet sich von außerbiblischen Methoden danach durch ihr Menschenbild, durch ihre Zielsetzung und durch ihre Vorgehensweise. Ausgangspunkt ist die Feststellung: "Heiligung und damit Heilung geschieht da, wo das autonome Selbstleben dem Christusleben Raum macht." Damit ist zunächst einmal klar, dass das Ziel biblischer Seelsorge die psychische Gesundung zwar einschließt, wesentlich aber darüber hinaus geht. Daraus ergibt sich sodann, dass biblische Seelsorge ein höchst direktiver Vorgang ist, "bei der der Seelsorger nach eingehender Diagnostik das Wort Gottes an den Ratsuchenden ausrichtet, um ihn mit der göttlichen Sicht seiner Problematik und dem göttlichen Weg zur Lösung und Befreiung vertraut zu machen." Hier ist die Übernahme der Normen und Werte des Seelsorgers durch den Ratsuchenden Programm. In diesem Interesse leitet der Seelsorger den Ratsuchenden gerade nicht dazu an, seine Probleme selbst zu bearbeiten. Statt dessen legt er ihn auf die Umsetzung einer nicht hinterfragbaren Problemlösungsstrategie fest. Denn diese Strategie wird vom Seelsorger zwar vorgegeben. Doch handelt es sich dabei nicht um die Sicht des Seelsorgers, sondern um Gottes Sicht, nicht um einen vom Seelsorger vorgeschlagenen, sondern um den von Gott verordneten Lösungsweg. Das ist, wo es um das Halten oder Übertreten der Gebote Gottes geht, verständlich genug. Was bleibt, ist die Frage: Gibt es wirklich in jedem Fall die eine, göttliche Sicht einer Problematik? Und den einen, göttlichen Lösungsweg? Ich denke, nein. Aus meiner Seelsorgepraxis nicht zuletzt auf dem Missionsfeld weiß ich, dass es in vielen Fällen gerade keine für jeden Ort und für alle Zeit verbindlichen Ordnungen Gottes gibt[132]. Müsste sich eine

---

[132] So auch Thomas Schirrmacher, Abschaffung der Psychotherapie - Chance für eine biblische Seelsorge, in: Thomas Schirrmacher / Roland Antholzer, Was hilft wirklich?, Biblische Seelsorge contra Psychotherapie. Berneck 2001 (4., überarb. Aufl.), S. 78f.

so geartete biblische Beratung von daher nicht auf Situationen beschränken, in denen genau das der Fall ist?

Aber das ist noch nicht einmal die dringlichste Anfrage, die an eine so verstandene biblische Beratung und Seelsorge zu richten ist. Weit beunruhigender erscheint demgegenüber die Tatsache, dass ihr Ziel - dass das eigene Ich abtritt und das autonome Ichleben ein Ende hat - exakt der Forderung sogenannter Geistführer und ihrer Medien entspricht, alle Egomuster aufzulösen und das Ego auszulöschen. Damit wird im Spiritismus der Mensch frei für eine Verschmelzung mit dem Göttlichen. Denn wo kein „Ich" ist, kann es auch kein „Du" geben[133]. So verneint er nicht nur die Personalität des lebendigen Gottes, sondern auch, dass der Glaube an diesen Gott grundlegend Begegnung mit Ihm ist. Und um so deutlicher stellt er heraus: Wer das eigene Ich preisgibt, verzichtet damit zugleich auf dieses Gegenüber! Ganz anders die Schrift: Dort löscht, wer zum Glauben kommt, sein Ego gerade nicht aus, sondern schöpft aus dem göttlichen Anruf - „Fürchte dich nicht, ich habe dich bei deinem Namen gerufen, du bist mein" (Jes 43,1) - Ichbewusstsein, Ichstärke, Identität. Und dort löst, wer im Glauben wächst, seine Egomuster gerade nicht auf, sondern wird in freier, selbständiger Hinwendung zu seinem Gott immer mehr er selbst, immer mehr zu dem, den Gott meinte, als er ihn schuf - und betet wie Jesus im Garten Gethsemane gerade nicht, „Mein Wille vergehe", sondern „Dein Wille geschehe" (Lk 22,42). Denn ein Christ ist zwar ein Nachfolger Christi, aber deswegen noch lange keine Marionette!

---

[133] Aus der Fülle der einschlägigen Literatur sei hier nur verwiesen auf Regine Zopf, Maria – Engel der Liebe. Band 1: Die Lehre einer neuen Spiritualität. Scharnhorst 2000, S. 18

Gründer und Vorsitzender der Gemeindeorientierten Initiative ist der Diplom-Psychologe Roland Antholzer. Er ist vor allem in seelsorgerlicher Vortrags- und Gemeindegründungsarbeit tätig. So geht seine bereits erwähnte Ausarbeitung zum Thema, "Biblisch-therapeutische Seelsorge (BTS): Versuch einer Bewertung aus biblischer Sicht" auf ein Referat zurück, das er an der Haupttagung des Bibelbundes im April 1997 in Bietigheim-Bissingen gehalten hat. Auch der Konferenz für Gemeindegründung[134] ist Antholzer verbunden; dort sprach er etwa im November 1998 zum Thema "Seelsorge in der Gemeinde - Einer trage des anderen Last". Und von seinem Referat am ersten Psychologiekongress der Bekenntnisbewegung "Kein anderes Evangelium" im Februar 2000 in Gießen war bereits die Rede. Sein Anliegen einer biblischen Beratung bzw. Seelsorge trifft offensichtlich auf starke Resonanz.

Dabei scheinen mir seine Gedanken zum Thema oft genug widersprüchlich. So warnt er auf der einen Seite vor der Psychologie mit den Worten: "Der altböse Feind schläft nicht. Die Psychologie ist eine seiner wirksamsten Waffen."[135] Zur Begründung verweist er - unter Berufung auf das 1987 in deutscher Übersetzung erschienene Buch von Dave Hunt, "Die Verführung der Christenheit" - darauf, dass die Psychologie das eigentliche trojanische Pferd sei, das an allen Grenzposten

---

[134] Die Konferenz für Gemeindegründung (www.kfg.org) wurde 1983 unter der Leitung von Erwin Strickert gegründet; seit 1995 sitzt ihr Wilfried Plock vor. Strickert war zugleich Gründer der "Deutschen Gemeindemission. Missionswerk für Gemeindegründung und missionarische Gemeindearbeit" (www.gemeindemission.de). Beiden verbunden ist der Biblische Missionsdienst (www.bmdonline.de). In ihrer Selbstdarstellung bezeichnen sich diese Werke als nicht-charismatisch und kritisch der ökumenischen Bewegung gegenüber.

[135] Roland Antholzer, Biblisch-therapeutische Seelsorge (BTS), a.a.O., S. 3

vorbei in die Köpfe der Christen eingedrungen sei; erst in ihrem Gefolge habe anderes antichristliches Gedankengut nachkommen können[136]. Seither würden - in der psychologisierten Gemeinde von heute - humanistische Aussagen kaum noch von christlichen Positionen unterschieden. Grundsätzlicher lässt sich eine Ablehnung der Psychologie wohl kaum formulieren. Doch an anderer Stelle stellt Antholzer ebenso grundsätzlich fest: "Die Ablehnung jeglicher Psychologie für die Seelsorge übersieht... die Tatsache, dass wir im Umgang mit anderen Menschen immer von einer gewissen Psychologie ausgehen. Es ist eine so genannte 'naive Psychologie', die sich aus allen Kenntnissen oder Annahmen darüber zusammensetzt, wie und warum Menschen in einer gewissen Weise agieren und reagieren. Dazu gehören alle erlernten Urteile und Vorurteile, unser Erfahrungswissen und unsere Menschenkenntnis. Die Frage ist also nicht, ob wir Psychologie einbeziehen, sondern auf welche Psychologie wir unser seelsorgerliches Tun gründen."[137] Und noch einmal an anderer Stelle, in seinem o.g. Vortrag an der Herbstkonferenz 1998 der Konferenz für Gemeindegründung, führt Antholzer aus, dass biblische Seelsorge gerade nicht auf Psychologie, sondern auf Gottes Wort gründet.

Ich beginne deshalb mit einer Darstellung von Antholzers biblischer Psychologie. Grundlegend dafür ist die Feststellung, dass Gott uns in der Bibel nicht nur Herkunft, Bedeutung und Ziel des menschlichen Lebens, sondern auch den Aufbau und die Grundstruktur der menschlichen Persönlichkeit offenbart[138]. Dabei kommt Antholzer freilich zu ganz anderen Ergebnissen

---

[136] Roland Antholzer, Mächte der Bosheit, a.a.O., S. 16f.
[137] Roland Antholzer, Alles "Psycho" - oder?, in: Carsten Evers (Hg.), a.a.O. S. 14
[138] Roland Antholzer, Plädoyer für eine biblische Seelsorge, in: Thomas Schirrmacher / Roland Antholzer, Was hilft wirklich?, a.a.O., S. 114

als Horst W. Beck. Hatte Beck noch daran festgehalten, "Hier gibt es nicht 'Leib' und 'Seele'... Der Mensch ist Einheit und Ganzheit vor Gott"[139], diskutiert Antholzer die Vorzüge und Nachteile eines dichotomen bzw. trichotomen Menschenbildes, denen zufolge der Mensch aus zwei bzw. drei voneinander unabhängigen Teilen, Geist und Leib-Seele bzw. Geist, Seele und Leib besteht. Dabei gilt sein Hauptinteresse den Konsequenzen, die die eine oder die andere Lehre insbesondere im Blick auf die Seelsorge hat. Von daher entscheidet sich Antholzer zuletzt für eine dichotome Sicht des Menschen. Das heißt, für ihn besteht der Mensch aus zwei voneinander unabhängigen Teilen, aus dem Geist und der Leib-Seele. Dazu identifiziert Antholzer zunächst den "Odem des Lebens", den Gott nach 1 Mo 2,7 in die Nase des aus Erde vom Acker gemachten Menschen blies, mit dem Geist des Menschen. Und dann wird dadurch für Antholzer nicht etwa der Mensch als Ganzer, sondern lediglich der Leib des Menschen zu einer lebendigen Seele. Das Gleichnis vom reichen Mann und dem armen Lazarus (Lk 16,19-31) soll diese Sicht bestätigen. Immerhin wird dort der verstorbene und begrabene Reiche im Vollbesitz seiner geistigen Kräfte gezeigt: Sein Leib liegt im Grab, und trotzdem nimmt er wahr, erkennt, erinnert sich, will... Was Antholzer dabei übersieht, ist, dass auch dieser Reiche Augen hat, die er aufheben kann, und eine Zunge, auf der er gern einen Tropfen Wasser verspüren würde. Mit anderen Worten:

---

[139] Horst W. Beck, a.a.O., S. 37 – So auch Eberhard Platte, Einführung in die biblische Seelsorge. Psychotherapie und/oder biblische Seelsorge, Wuppertal 2003, S. 33: „Wie Gott besteht auch der Mensch in gewisser Weise in einer Dreieinheit: Geist, Seele und Leib." Platte unterstreicht den Aspekt der Einheit noch dadurch, dass er unter Berufung auf die Anmerkungen zum Bibeltext in der Scofield Reference Bible Geist, Seele und Leib es Menschen gleichermaßen auf den Begriff des Bewusstseins (von Gott, seiner selbst bzw. seiner Umgebung) bringt.

Auch jenseits des Grabes ist der Mensch biblisch nicht anders als eine - verwandelte (1 Kor 15,15) - Leib, Seele und Geist umfassende Ganzheit vorstellbar. Von daher erst versteht sich 1 Mo 2,7: Nicht der Leib wird in Anwesenheit des "Geistes" zur Seele; Leib und Odem des Lebens verschmelzen zur Seele.

Um so nachdrücklicher stellt Antholzer den Nutzen heraus, den eine dichotome Sicht des Menschen seines Erachtens hat. Denn wenn der Mensch nur aus zwei voneinander unabhängigen Teilen, der Leib-Seele und dem Geist, besteht, dann können Störungen in seinen Lebensbezügen auch nur diese beiden Quellen haben. Folglich ist nicht etwa die Psyche (das ist die Seele) des Menschen krank; sie ist nur der Ort, an dem sich die Störung manifestiert. Krank ist vielmehr sein Körper, oder seine Gottesbeziehung ist gestört oder beides. Zur Verdeutlichung dieser Argumentation gebraucht Antholzer das Bild eines Mannes, der an einem Piano sitzt und spielt: "Nehmen wir an, wir befinden uns vor dem Piano und können den Mann selbst nicht sehen. Was wir aber wahrnehmen können, ist ein Piano, das Musik von sich gibt. Das entspräche dem lebenden Menschen, dem was die Bibel mit 'Seele' meint. Nehmen wir an, die Musik klingt disharmonisch. Was könnte der Grund sein? Es gibt im Prinzip zwei Möglichkeiten: Entweder spielt der Mann falsch oder das Piano ist defekt."[140] Diesen Worten ist zudem eine Illustration beigegeben; sie unterstreicht noch einmal in besonders deutlicher Weise - so deutlich, wie Worte das niemals tun könnten - dass der Geist einerseits und die Leib-Seele andererseits vollständig voneinander getrennt sind; die einzige Verbindung, die zwischen den beiden besteht, beruht darauf, dass der Geist auf der Leib-Seele wie auf einem Instrument spielt.

---

[140] a.a.O., S. 180

Dieses Bild erhellt aber nicht nur die Argumentation, es zeigt auch, in welcher Abhängigkeit Antholzer hier steht: Die Vorstellung, dass das Gehirn wie ein Piano vom Geist bespielt wird, geht auf den Hirnforscher John Eccles zurück, für den das Gehirn einer Maschine gleicht, die vom Geist bedient wird[141]. Doch ganz so einfach liegen die Dinge nicht: Diese idealistische Vorstellung karikiert die ungleich komplexere Realität ebenso wie ihr materialistisches Gegenstück, nachdem das Gehirn Gedanken absondert wie der Körper den Schweiß.

Um so bedenklicher erscheint mir die in dieser Abhängigkeit aufscheinende Methode: Antholzer tritt nicht nur dafür ein, eine biblische Psychologie zu formulieren, sondern auch dafür, empirisch-psychologische Erkenntnisse in die biblische Psychologie einzufügen[142]. Das Modell, das ihm dabei vorschwebt, ist das des sog. Wissenschaftlichen Kreationismus[143]. Diese Methode setzt zweierlei voraus: Erstens, dass Offenbarung Wissen vermittelt - und in der Tat definiert Antholzer Offenbarung genau so. Er schreibt: "Offenbarung liegt nur da vor, wo Gott von sich aus dem Menschen ein Wissen zugänglich macht, das ihm sonst verschlossen und mit Hilfe seiner Möglichkeiten auch nicht zu erlangen wäre."[144] Und zweitens, dass dieses übernatürliche, durch Offenbarung erlangte Wissen auf einer Ebene liegt mit dem natürlichen, empirisch gewonnenen

---

[141] Roland Antholzer, Mächte der Bosheit, a.a.O., S. 56
[142] Roland Antholzer, Biblisch-therapeutische Seelsorge (BTS), a.a.O., S. 13 – Dementsprechend heißt es im Internetauftritt der GIBB: "Die Bibel wird als absolut irrtumslos in ihrer Urschrift und als verbindlicher Maßstab für die Lebensführung der Christen angesehen. Wissenschaftliche Ergebnisse der Psychologie werden, soweit sie sich problemlos in dieses Fundament einfügen lassen, hinzugezogen."
[143] Roland Antholzer, Plädoyer für eine biblische Seelsorge, a.a.O., S. 155f.
[144] a.a.O., S. 192

Wissen - oder um es ganz konkret, anhand eines Beispiels zu sagen: dass das Wissen, dass Jesus der Christus ist, und das Wissen, dass zwei Pfund Rindfleisch eine gute Suppe geben, von derselben Art sind. Denn nur unter dieser Voraussetzung lassen sich natürliches und übernatürliches Wissen in der genannten Weise miteinander verbinden, lässt sich natürliches Wissen in Übernatürliches einordnen. Diese Überzeugung vertrat bereits der Charismatiker Mathias Kropf, als er betonte: "Wir sind von unserem Gott so geschaffen, dass wir sein Wort mit unserem Verstand verstehen können."[145] Und davon ist auch Antholzer überzeugt, wenn er urteilt, dass der Verstand des Menschen das eigentliche Kampffeld unsichtbarer Mächte darstellt, auf dem Satan und die bösen Geister gegen die Wahrheit streiten, und dass das Denkvermögen mehr als andere Funktionen unter den Angriffen des Feindes leidet. In diesem Sinne umschreibt Antholzer 2 Kor 4,4 mit den Worten: "Der ungläubige Mensch könnte schon wissen, was er wissen müsste zum Heil, aber unter dem Einfluss des Gottes dieser Welt sträubt er sich gegen dieses Wissen."[146] Daraus ergibt sich zuletzt die Forderung: "Notwendig ist daher ein Umdenken und ein Neudenken auf der Grundlage der Wahrheit der Bibel."[147]

Diese Formulierungen erinnern zunächst an die von Thomas Schirrmacher im Blick auf die säkulare Psychotherapie beklagte Rückkehr zur christlichen Gnosis der ersten Jahrhunderte, die in Übereinstimmung mit der Philosophie des klassischen Altertums davon ausging, dass Wissen Veränderung bedeutet und Sünde ihrem Ursprung nach Betörung, Verirrung des Verstandes ist[148]. Denn auch bei Antholzer erscheint der Ungläubi-

---

[145] Mathias Kropf, a.a.O., S. 96f.
[146] Roland Antholzer, Mächte der Bosheit, a.a.O., S. 130
[147] a.a.O., S. 81
[148] Thomas Schirrmacher, a.a.O., S. 56-58

ge als Unwissender, dem zunächst einmal nicht etwa Umkehr, sondern Umdenken not tut - weil erst auf der Grundlage eines solchen Umdenkens Umkehr möglich wird.

Diese Formulierungen zeugen aber auch von einem entschieden fundamentalistischen Ansatz, wie ihn Jobst Schöne beschrieben hat: "Der vernünftige Gott und seine vernünftige (vernunftgemäße, intelligible) Offenbarung treffen auf einen in seinen Vernunft-Fähigkeiten unversehrten Menschen. Beide Rationalitäten, die Gottes und die des Menschen, sind in Übereinstimmung. Der Sündenfall hat den Menschen nicht blind für Gott gemacht, sondern ihm seine Erkenntnisfähigkeit in Bezug auf Gott gelassen. Die (Erb-)Sündigkeit des Menschen wird nicht mehr in ihrer Tiefe und Totalität erfasst, der Sündenbegriff wird moralisch verflacht."[149] Die Konsequenzen eines solchen Ansatzes insbesondere für das Schriftverständnis sind erheblich. Denn, so Schöne: "Das Wort teilt dabei wohl die Objekte des Glaubens, die Glaubensgegenstände mit, wirkt aber nicht aus sich den Glauben, denn dazu greift der Geist auch ohne solche 'Mittel' ein. Die der Schrift einwohnende Macht des Geistes wird verkannt. Zwischen Wort und Geist schiebt sich eine (zumeist rational bestimmte) 'Überzeugung', gewonnen aufgrund logischer Argumentation, auf der dann erst der Glaube aufbaut."[150] So ist gerade der fundamentalistische Theologe das Musterbeispiel eines Wissenschaftlers, wie ihn Antholzer beschreibt: "Der Wissenschaftler ist als Mensch in seinem Forschen grundsätzlich von bestimmten Interessen sowie von seinen eigenen Wertvorstellungen geleitet, die sämtlich außerhalb des wissenschaftlichen Systems liegen. Er handelt im Sinne

---

[149] Jobst Schöne, Die Irrlehre des Fundamentalismus im Gegensatz zum lutherischen Schriftverständnis, in: ders., Botschafter an Christi Statt. Versuche. Gr. Ösingen 1996, S. 89

[150] Jobst Schöne, a.a.O., S. 85

spezifischer Wert- und Normvorstellungen und strebt bestimmte Ziele an."[151] Und ebenso vorläufig sind seine Ergebnisse.

So führt Antholzer diagnostisch beispielsweise neurotische Verhaltensstörungen, Angst- und Zwangserscheinungen, Suchtkrankheiten und neurotische und reaktive Depressionen auf die gestörte Gottesbeziehung des Ratsuchenden zurück. Denn "Wenn wir unsere Identität und Bedeutung in Christus gefunden haben, werden wir aufhören, sie irgendwo anders zu suchen. Dann können wir auch auf unsere neurotischen und psychosomatischen Symptome verzichten."[152] Von daher kann Antholzer dann auch sagen: "Das Ziel der Seelsorge ist es, den andern in eine enge und gesunde Gottesbeziehung zu führen. Je klarer sein Leben Christus untergeordnet und hingegeben ist, desto mehr wird er auch in seiner Psyche gesunden."[153] - "Somit muss der Ansatzpunkt beim Christen immer die Beziehung zu Christus sein - wenn diese Beziehung in Ordnung kommt, dann klären sich menschliche Beziehungen, dann ergibt sich auch so etwas wie 'soziale Kompetenz'. Das ist eine immer wiederkehrende Erfahrung biblischer Seelsorge."[154] In diesem Sinne "gibt es kein anderes Heilmittel für unsere psychischen Nöte als eben das Kreuz Christi... Das Kreuz ist Gottes Therapie für jedes seelische Problem."[155] Heißt das nicht: Der seelisch leidende Christ - von psychischer Krankheit spricht Antholzer gleich Beck ausdrücklich nicht - ist damit der schlechtere Christ, bei dem die Diskrepanz zwischen dem, was er in Christus ist, und dem, was er auf Erden darstellt,

---

[151] Roland Antholzer, Plädoyer für eine biblische Seelsorge, a.a.O., S. 188
[152] a.a.O., S. 249
[153] a.a.O., S. 126
[154] a.a.O., S. 198
[155] Roland Antholzer, Biblisch-therapeutische Seelsorge (BTS), a.a.O., S. 18

deutlicher wird als beim Durchschnittschristen? Wenn er auf seine neurotischen und psychosomatischen Symptome nicht verzichten kann, dann zeigt er damit nur, dass er seine Identität in Christus noch nicht gefunden hat? Und fehlt ihm soziale Kompetenz, dann ist seine Beziehung zu Christus nicht in Ordnung? Dann hat dieses Konzept einer biblischen Beratung durch und durch unbiblische Konsequenzen.

Auf der anderen Seite räumt Antholzer durchaus ein, dass es in der Seelsorge gerade nicht um psychische Gesundheit, Symptomfreiheit, berufliche und soziale Funktionsfähigkeit o.ä. geht, sondern um ein Heilwerden, um ein Zurechtkommen des Menschen mit Gott. "Eine solche Heilung mag durchaus einschließen, dass dem Menschen noch ein gewisses Maß an Leiden verbleibt. Sein Heilsein erweist sich aber eben darin, dass sein Leiden ihm nicht zur Blockade wird. Paulus ist ein gutes Beispiel für einen solchen Menschen. Er wurde nicht geheilt, aber er war heil."[156] Und so warnt Antholzer zuletzt: "Das Ziel aller Seelsorge ist die Heiligung. Das Verschwinden störender psychischer Symptome und Fehlhaltungen ist eine natürliche Folge der Heiligung. Jeder andere Weg, um davon loszukommen, erschwert Heiligung und wirkt damit Gottes Absicht und Willen entgegen."[157] Antholzer verdeutlicht diese Überlegung an einem Beispiel. Da geht es um einen Christen, der unter starker Prüfungsangst leidet, diese Angst mit Hilfe von Autogenem Training oder systematischer Desensibilisierung reduziert, und schließlich relativ gelassen in die Prüfung geht. Dadurch, so Antholzer weiter, wird dieser Christ zugleich unabhängiger von seinem Herrn, "denn jetzt hat er ja eine Technik zur Hand, wie er sich in bedrängenden und angsteinflößenden

---

[156] Roland Antholzer, Plädoyer für eine biblische Seelsorge, a.a.O., S. 146f.
[157] a.a.O., S. 245

Situationen selbst helfen kann. Sein autonomes Ichleben ist gestärkt (was ja auch das erklärte Ziel jeder Psychotherapie ist) und baut sich zunehmend zu einem Bollwerk gegen geistliche Impulse auf."[158] Alternativ schlägt Antholzer vor, die drei "Superwaffen gegen die Angst" Glaube, Liebe und Hoffnung einzusetzen und die entsprechende psychotherapeutische Intervention durch eine Intensivierung der Beziehung zu Jesus durch Wort und Gebet vorzubereiten. "So erfährt der Ratsuchende nicht nur eine Reduktion der Symptomatik, sondern vor allem eine Vertiefung seines Glaubens."[159]

Wirklich? Für mich - und aufgrund meiner seelsorglichen Erfahrung - muss ich das verneinen. Denn wenn ich die o.g. Verfahren des Autogenen Trainings oder der systematischen Desensibilisierung einsetze, dann nutze ich damit Möglichkeiten, die Gott selbst in mir angelegt hat. Wie sollte ich Ihm da nicht dankbar sein? Das ist für mich dasselbe wie das Anlegen eines Gipsverbandes bei einem Knochenbruch: Auch das ist eine Technik, mit der ich mir in einer bedrängenden und angsteinflößenden Situation selber helfen kann. Unabhängiger von meinem Herrn werde ich dadurch freilich genauso wenig, denn auch das tue ich nur im Vertrauen auf die gottgegebenen Selbstheilungskräfte des Körpers. Von daher habe ich dann auch Hemmungen, von der Wirksamkeit solcher Verfahren abzulenken, sie vielleicht sogar als solche unkenntlich zu machen und statt dessen von der Bedeutung der Christusbeziehung des Ratsuchenden zu sprechen. Dabei ist mir diese Sicht vertraut genug; sie erinnert mich an manche Fernsehpredigt US-amerikanischer Televangelisten. Von daher überrascht mich selbst die abschließende Mahnung Antholzers nicht: "Auch seelisches

---

[158] a.a.O., S. 242
[159] a.a.O., S. 134

Leiden kann ein von Gott verordnetes Leiden sein, das uns willig machen soll, unser Ichleben in den Tod zu geben. Hier wäre es ein grober Fehler des Seelsorgers, solches Leiden durch fleischliche Methoden verkürzen zu wollen."[160] Denn auch das habe ich an gleicher Stelle schon oft gehört. Nur die Stoßrichtung war eine andere. Da hieß es, Armut könne ein von Gott verordnetes Schicksal sein, dass den Armen willig machen solle, auf den Willen Gottes zu hören. Deshalb sei es unverantwortlich, solche Armut zu lindern...

Das ist alles andere als Zufall. Denn dass Antholzer in Abhängigkeit von US-amerikanischen Quellen steht, ist schon mehrfach deutlich geworden. Das ist zunächst das Verdienst Thomas Schirrmachers, der es in seinem bereits zitierten, 1993 in erster Auflage erschienen Aufsatz, "Abschaffung der Psychotherapie - Chance für eine biblische Seelsorge", unternahm, insbesondere die US-amerikanische Literatur der 80er und zum Teil der 70er Jahre zum Thema in die Diskussion in Deutschland einzuführen. Vieles davon wurde seither übersetzt; ich gehe an dieser Stelle gleichwohl nicht darauf ein. Denn ihre bedenkenlose Übernahme dient meines Erachtens nicht dem Erkenntnisgewinn, sondern führt lediglich in Auseinandersetzungen hinein, die ihren Ort jenseits des Atlantik haben und nur vor dem Hintergrund eines ideengeschichtlichen Bruchs verständlich sind, der nicht allein Deutschland, sondern Europa von den USA trennt[161]. Das gilt zunächst für den von Schöne am Beispiel des US-amerikanischen Theologen Carl F.H. Henry dargestellten protestantischen Fundamentalismus wie für die auf dieser Grundlage formulierte biblische Psychologie.

---

[160] a.a.O., S. 250

[161] Vergleiche dazu die überaus aufschlussreiche Studie von Gret Haller, Die Grenzen der Solidarität. Europa und die USA im Umgang mit Staat, Nation und Religion. Berlin 2003 (4. Aufl.)

Das gilt sodann für jene bereits mehrfach angesprochene Ver-
ächtlichmachung des Humanismus als einer einseitigen, den
Menschen nur in seiner Auflehnung gegen Gott zeigenden Bewegung[162] wie für die auf dieser Grundlage erfolgte Verwer-
fung jeder Psychotherapie. Von daher urteilt beispielsweise der
Verleger Antholzers, Bruno Schwengeler, "Psychotherapie ist
vielmehr Religion als Wissenschaft... Es geht hauptsächlich
darum, Gott durch das Selbst zu ersetzen. Dieser Kult der
Selbstanbetung und Selbstverwirklichung hat durch die Psychologie weitgehend auch in christliche Kreise Eingang gefunden. Dabei sollten wir doch wissen, dass gerade dieses Streben
nach Autonomie das Unglück der Menschheit heraufbe-
schwor."[163]

Solche Äußerungen zeichnen sich vor allem durch mangelndes
Differenzierungsvermögen aus. Sie entwerfen von daher mit
Vorliebe Schreckensbilder einer umfassenden Bedrohung, in
der beispielsweise die feministische Bewegung ebenso ihren
Platz hat, weil sie das Hexentum zu rehabilitieren versucht, wie
die Umweltschutzbewegung, weil in ihrem Umfeld okkulte
Praktiken verbreitet werden, oder die sog. Paramedizin, weil
sie alte fragwürdige Heilmethoden rehabilitiert und neue pseu-
dowissenschaftliche Methoden wie das Biofeedback verbreitet[164]. Dabei lassen sich ihre Autoren immer wieder zu sachlich
kaum nachvollziehbaren Behauptungen hinreissen. So auch

---

[162] Die Wahrheit und geschichtliche Wirklichkeit des christlichen Humanismus kommt demgegenüber gar nicht in den Blick. Auf diese Weise ver-
gröbert die Übernahme noch stärker als das Original: In der entsprechenden Auseinandersetzung in den Vereinigten Staaten wird immerhin
deutlich, dass hier nicht vom Humanismus an sich die Rede ist, sondern
– ausdrücklich – vom säkularen Humanismus ("secular humanism").
[163] Bruno Schwengeler, Wenn die Seele schmerzt... Berneck 1998, S. 70
[164] Roland Antholzer, Mächte der Bosheit, a.a.O., S. 14f.

hier. Denn: Nicht nur der Begriff des Okkulten, auch der Begriff „Hexe" hat einen tiefgreifenden Bedeutungswandel durchgemacht, so dass die historische Hexerei mit der modernen Hexerei wenig mehr gemein hat als die Bezeichnung[165]. Und: "Biofeedback ist ein Verfahren, bei dem man über eine Apparatur vor den Augen körpereigene Signale, die das Niveau der gegenwärtigen Ent- und Anspannung zeigen, als Licht- und/oder Tonsignal rückgemeldet bekommt. Man versucht, durch Methoden eigener Wahl kleine Entspannungsschritte zu erreichen, und bekommt diese wiederum unmittelbar zurückgemeldet. So kann Entspannung sehr effektiv erlernt werden."[166] Wie diese Methode dennoch als pseudowissenschaftlich bezeichnet werden kann, ist mir unverständlich.

Psychotherapie und New Age

Zuletzt wende ich mich dem Missionswerk "Christen im Dienst an Kranken e.V." zu. Arbeitsschwerpunkte dieses betont nicht-charismatischen übergemeindlichen Missionswerks sind Gebet, Evangelisation und Schulung - und hier wiederum Wochenendseminare (nicht zuletzt mit Els Nannen und Roland Antholzer zu Themen wie „Biblische Seelsorge und Psychotherapie - Freund oder Feind?" und „Seelsorge und Psychologie: Konsens - Kompromiss - Konflikt?") und Literaturangebote zu Alternativmedizin und humanistischer Psychologie sowie zu Zeitströmungen aus biblischer Sicht. Erster Vorsitzender dieses Missionswerks ist Manfred Weise, bis zu seiner Emeritierung 2006

---

[165] P.G. Maxwell-Stuart, Hexen. Wahn und Wirklichkeit von der Antike bis heute. Essen 2003, S. 187

[166] Friedrich Hainbuch, Muskelentspannung nach Jacobson, München 2004, S. 12

Professor für Innere Medizin an der Universität Gießen. Darüber hinaus ist Weise der Internationalen Arbeitsgemeinschaft Bekennender Christen (IABC), Wuppertal, verbunden. So publiziert er nicht nur im IABC-Verlag, sondern tritt auch als Referent bei Veranstaltungen der Arbeitsgemeinschaft auf und spricht dort zu Themen wie „Alternativmedizin", „Der Glaube an Jesus Christus und die New-Age-Bewegung" und „Die charismatische Bewegung und der Glaube an Jesus Christus". Ausgangspunkt seiner Argumentation ist die Gedankenwelt des New Age; umstandslos übernimmt er die Formulierungen der inzwischen weithin vergessenen Wortführer eines neuen Zeitalters. So erinnert Weise grundlegend daran, dass die New-Age-Bewegung die Gegenwart als Übergangszeit versteht. Dahinter steht die Vorstellung einer Wende vom sog. Fische-Zeitalter, in dem die Menschen ihr Vertrauen auf Gott setzten, zum Wassermann-Zeitalter, in dem die Menschen im Kontakt mit kosmischen Energien eigene, bisher ungeahnte Kräfte entdecken und aktivieren und selbst zu Göttern werden. Aus dieser Bezugnahme auf kosmische Energien einerseits und auf die dem Menschen eigenen, positiven Kräfte andererseits gibt sich für Weise das New Age nicht nur als Verbindung von fernöstlichen Religionen und westlichem Humanismus zu erkennen. Sie erklärt ihm zugleich den durchschlagenden Erfolg dieser Bewegung. So urteilt Weise: "Das christliche Menschen- und Weltbild wird zunehmend abgelöst durch ein humanistisches Verständnis, in dem die Weltanschauung des 'New Age' eine maßgebliche Rolle spielt. Hypnose, Autogenes Training und Yoga sind sowohl ein Teil dieses humanistischen Zeitalters, als auch eng verflochten mit fernöstlichen Religionen."[167]

---

[167] Manfred Weise, Meditative Techniken – Zum Beispiel: Hypnose, Autogenes Training, in: Wolfgang Nestvogel / Manfred Weise (Hg.), Heil oder Heilung? Dienst an Kranken im 21. Jahrhundert. Oerlinghausen 2007, S. 98

Weise setzt damit voraus, (1) dass das New Age eine Bewegung und nicht nur ein Medienereignis ist; (2) dass es einmal eine Zeit gab, in der "die" Menschen ihr Vertrauen auf Gott setzten, und in der die Schar der Gläubigen nicht nur eine kleine Herde war; (3) dass das New Age fernöstliche Religionen vermittle und nicht deren Verwestlichung (und damit deren Ende) bedeute; und (4) dass das New Age den westlichen Humanismus transportiere und nicht seine Mystifizierung (und damit seine Zerstörung) betreibe. Keine dieser Voraussetzungen ist unbestritten; nicht eine von ihnen vermag ich zu teilen. Und doch hat Weise mit seiner Zeitdiagnose zumindest in so weit recht, als "von der New-Age-Bewegung die Leitidee der individuellen Verantwortung für die Gestaltung des eigenen Lebens und die Aufwertung des Bewusstseins, das heißt der geistigen bzw. spirituellen Dimension des Menschseins, geblieben ist."[168] Dies schließt Konzepte alternativer Heilmethoden, ganzheitlicher Gesundheit und einer Körper und Geist zusammenführenden Psychologie ein.

In Übereinstimmung mit seiner oben skizzierten Sicht sieht Weise darin insbesondere magische Praktiken. Um dies zu belegen, bedient er sich folgender Methoden: "1. die Überprüfung, welche geistliche Wurzel eine Lehre oder Auffassung hat; 2. der Vergleich dieser weltanschaulichen Wurzel mit dem Wort Gottes; 3. eine deutliche Abgrenzung gegenüber der Vermischung von biblischer Lehre und unbiblischen Auffassungen."[169] So führt Weise beispielsweise die Hypnose nicht nur auf den deutschen Arzt, Magnetiseur und Freimaurer Franz Anton Mesmer (1734-1815) zurück. Sondern er übernimmt auch die seinerzeit von Mesmer gegebene Erklärung für deren

---

[168] Thomas Schweer, a.a.O., S. 179
[169] Manfred Weise, a.a.O.

Wirksamkeit: Laut Mesmer entnimmt der Heilmagnetopath dem Kosmos Kräfte, die er auf seine Patienten überträgt. Weise schließt daraus: "Hypnose hat eine okkulte Wurzel, von der sie sich nicht trennen lässt. Hypnose schadet darum immer..."[170] Els Nannen wird diesbezüglich noch deutlicher. Sie urteilt: "Kein Christ kann den okkulten Ursprung der Hypnose neutralisieren, geschweige denn christianisieren. Man soll sich auch niemals hypnotisieren lassen, ja nicht einmal der Aufforderung Folge leisten, die Augen zu schließen, es sei denn zum echten Gebet vor dem Herrn."[171] - Das Autogene Training würdigt Weise als eine Methode auf der Grundlage hinduistischer Philosophie[172]; genauer, als "eine Form der Selbsthypnose mit fernöstlichen Ursprüngen... Man setzt das Bewusstsein herab und erwartet, auf diesem Wege in Harmonie mit dem Kosmos gebracht zu werden."[173] Hinzu kommt, dass die im Autogenen Training verwendeten verbalen (Vorsatz-)Formeln aus biblischer Sicht nichts anderes als Zauber- und Beschwörungsformeln sind[174] - so jedenfalls Reinhard Franzke in seiner von Weise ausdrücklich empfohlenen Schrift, "Entspannungstechniken - Anti-Stress-Programme oder Magie?"

In diesem Sinne sieht Franzke - Professor für Berufs- und Sozialpädagogik an der Universität Hannover - in allen bekannten Entspannungsverfahren quasireligiöse und esoterische Prakti-

---

[170] a.a.O., S. 101
[171] Els Nannen, Irrwege der Psychotherapie, in: Carsten Evers (Hg.), a.a.O., S. 126
[172] Manfred Weise, Heilung durch kosmische Energie? Alternativmedizin im Licht der Bibel, Wuppertal 2007, S. 13
[173] Manfred Weise, Meditative Techniken, a.a.O., S. 103
[174] Reinhard Franzke, Entspannungstechniken – Anti-Stress-Programme oder Magie? (Reihe Aufklärung der Arbeitsgemeinschaft für religiöse Fragen A.R.F. Band 37), Lage 2005 (3. Aufl.), S. 32

ken. Dazu betont er beispielsweise, dass sich Entspannungstechniken nicht nur im Schamanismus finden, wo sie der Einleitung von außerkörperlichen Seelenreisen und der Kontaktaufnahme mit Geistwesen dienen. Auch in der Magie und Hexerei sind Entspannungstechniken wichtig, wobei hier sowohl die Progressive Muskelentspannung als auch das Autogene Training gelehrt und praktiziert werden. Und im Yoga und in der fernöstlichen Meditation sind Entspannungstechniken ebenfalls von großer Bedeutung. Denn Entspannungstechniken sind in Wirklichkeit Hypnosetechniken bzw. Techniken der Selbsthypnose und führen somit - wie jede andere Hypnosetechnik - in Trance. Das heißt, sie öffnen die Tür zur unsichtbaren Welt, und nicht zu einer angeblich existierenden 'Innenwelt' oder gar 'Welt des Unbewussten'. Denn darüber ist sich Franzke im Klaren: "Diese Lehre vom Unterbewusstsein oder Unbewussten ist eine der größten Irrlehren der modernen Psychologie."[175]

Mit anderen Worten: Entspannungstechniken sind eine Form der Magie, genauer: Techniken der Astralprojektion, die früher oder später zu außerkörperlichen Erfahrungen führen; Techniken der Transkommunikation, die früher oder später zur Kontaktaufnahme mit dämonischen Mächten z.B. in Form von Visionen oder Auditionen führen; und Techniken der Transformation und Inkorporation. Denn: "Früher oder später entwickeln das Autogene Training und andere Entspannungstechniken übernatürliche Fähigkeiten und Kräfte wie z.B. Hellsehen, Wahrträume, Präkognition und schließlich - wie bei den Schamanen und indischen Yogis - Schmerzunempfindlichkeit."[176] Entsprechend eindeutig fällt das abschließende Urteil

---

[175] a.a.O., S. 32
[176] a.a.O., S. 25

Franzkes aus: "Entspannungsübungen verstoßen gegen den christlichen Glauben und das Wort Gottes."[177] Dasselbe gilt für jedes andere Verfahren, das in Trance, zum Verlust der Selbstkontrolle oder zur Passivität führt bzw. das analytisch-logische Denkvermögen ausschaltet; Roland Antholzer nennt in diesem Zusammenhang insbesondere Meditationspraktiken, stark rhythmische Musik und Tanz[178]. Denn, so Weise wörtlich: "Diese Methoden stehen in krassem Gegensatz zum biblischen Weg. Der Gott der Bibel wendet sich an Denken und Wollen des Menschen und verändert ihn nicht durch die Ausschaltung des Bewusstseins."[179]

In diesem Sinne weist Roland Antholzer des weiteren darauf hin, dass beispielsweise Visualisierung eine alte schamanistische Technik ist, die den Schamanen dazu dient, mit ihren Kontrollgeistern in Verbindung zu treten und deren Kräfte in Anspruch zu nehmen[180]. Und darauf, dass die moderne Selbstverwirklichungspsychologie auf die Theologie des klassischen Hinduismus zurückgeht, wonach der Mensch zwar göttlich ist, aber kein Bewusstsein seiner Göttlichkeit hat[181]. Entsprechend der von Weise skizzierten Methoden zur Beurteilung solcher Praktiken ergibt sich daraus mit zwingender Notwendigkeit, "dass die psychotherapeutischen Modelle selbst okkulten Charakter haben, dass sie in Wirklichkeit okkulte Praktiken, Werkzeuge des Okkultismus sind."[182]

---

[177] a.a.O., S. 32
[178] Roland Antholzer, Mächte der Bosheit, a.a.O., S. 54
[179] Manfred Weise, Meditative Techniken, a.a.O., S. 103
[180] Roland Antholzer, a.a.O., S. 41
[181] a.a.O., S. 30
[182] Reinhard Franzke, Psychotherapien – Hilfen der Seelsorge oder Werkzeuge des Okkultismus? (Reihe Aufklärung der Arbeitsgemeinschaft für religiöse Fragen (A.R.F.), Band 47) Lage 2005 (2. Aufl.), S. 4

Von daher wird zuletzt die entschieden anti-charismatische Haltung des Missionswerks "Christen im Dienst an Kranken" verständlich. Denn wenn das stimmt, dann gilt, dass Bibel und Psychotherapie nichts miteinander zu tun haben - dass sie unvereinbare Gegensätze sind - und dass eine christliche Psychotherapie ein Widerspruch in sich ist. Els Nannen spricht in diesem Zusammenhang von einer Verbindung von Finsternis und Licht, "worüber 2. Kor. 6,14-15 und Röm. 12,2 ein klares Wort sagen."[183] Genau das aber ist nach Wolfgang Nestvogel kennzeichnend für das charismatische Verständnis von Heilung; sie gilt dem Pastor der Bekennenden Evangelischen Gemeinde Hannover[184] und Rektor der Akademie für reformatorische Theologie[185] in seinem Vortrag an dem vom Missionswerk „Christen im Dienst an Kranken" ausgerichteten Medizinerkongress im Oktober 2003 als eine Verbindung von tiefenpsychologischen, mystisch-okkulten und seelsorgerlichen Elementen[186]. Insbesondere die Visualisierung, das ist die Vorstellung, wie Jesus in eine belastende Situation eintritt und sie verändert, überschreitet für ihn die Grenze zur Zauberei und hat seines Erachtens eine verblüffende Ähnlichkeit mit dem Schamanismus. Aber auch Roland Antholzer ist davon überzeugt: "Okkulte bzw. schamanistische Psychotechniken kommen heute vor allem in charismatischen Gemeinden unter frommem Vorzeichen zum Einsatz."[187] Umgekehrt macht Weise in der von ihm unterzeichneten Erklärung des Missionswerks Christen im

---

[183] Els Nannen, Irrwege der Psychotherapie, in: Carsten Evers (Hg.), a.a.O., S. 90
[184] www.beg-hannover.de
[185] www.reformatio.de
[186] Wolfgang Nestvogel, Die Heilung des ganzen Menschen. Vortrag beim Medizinerkongress im Oktober 2003, www.cdkev.de/aufsaetze_vortraege/nestvogel/heilung/heilung.htm, S. 7
[187] Roland Antholzer, Mächte der Bosheit, a.a.O., S. 42

Dienst an Kranken, "Unsere Stellung zur charismatischen Bewegung", darauf aufmerksam: „Anhänger der New-Age-Bewegung schreiben, dass sie 'den gleichen Geist' in der charismatischen Bewegung finden und dass gemeinsame Wurzeln bestehen."[188] Von daher ist Weise sogar überzeugt, dass die Geistestaufe gleichbedeutend mit einer "Infektion" mit dem (unbiblischen) Pfingstgeist sei.

Dem steht nicht entgegen, dass Charismatiker dem New Age und den mit dem New Age in Verbindung gebrachten Entspannungstechniken womöglich noch ablehnender gegenüberstehen als Weise selbst. Ich erinnere in diesem Zusammenhang noch einmal an die von Mathias Kropf vertretene Auffassung, wonach Entspannungstechniken ganz eindeutig spirituelle, magische Praktiken sind, "die eine Bewusstseinstransformation induzieren, die Tür zu dämonischen Welten, Geistführern und Geistern öffnen. Letztlich soll jedem Gläubigen, der sie praktiziert, das Geschenk des ewigen Lebens in Christus weggenommen werden."[189] Dasselbe gilt für die durchaus zutreffende Beobachtung Ottfried Windeckers, der Weise sowohl als Arzt wie als Mitstreiter im Missionswerk "Christen im Dienst an Kranken" verbunden ist: Windecker weist darauf hin, dass in der charismatischen Bewegung Menschen "ohne Zweifel" zum lebendigen Glauben an Jesus Christus kommen und geistliche Impulse für ihr Glaubensleben empfangen[190]. Nun bin ich selbst zwar kein Charismatiker, noch nicht einmal ein charismatischer Lutheraner. Und doch will mir scheinen, dass Weise unter diesen Umständen der charismatischen Bewegung nicht eben gerecht wird: Wo Menschen zum Glauben kommen und in ihrem

---

[188] Unsere Stellung zur charismatischen Bewegung, www.cdkev.de/info-texte/infomaterial/stell_charismatik/stell_charismatik.htm
[189] Mathias Kropf, a.a.O.

Glaubensleben gestärkt werden, kann von einer Infektion mit dem Geist des New Age wohl kaum die Rede sein.

Ebenso unbefriedigend scheint mir Weises Beurteilung psychotherapeutischer und Entspannungsverfahren. Denn Weise fragt lediglich nach dem Ursprung dieser Verfahren, nicht nach ihrer (immerhin möglichen) Weiterentwicklung. Und er fragt erst recht nicht nach der Einstellung, mit der diese Verfahren angewandt bzw. in Anspruch genommen werden. Um so hilfreicher scheint mir die Vorgehensweise von Wolfgang Vreemann, der gleich Weise Facharzt für innere Medizin und zugleich Präsident des Weissen Kreuzes ist. Er formuliert diesbezüglich u.a. folgende Leitfragen: "In welcher Weise hat sich die Methode weiterentwickelt? Hat sich die Methode von ihrem weltanschaulichen bzw. religiösen Hintergrund gelöst oder ist sie damit fest verbunden? In welcher Form wendet der Arzt oder Heilpraktiker die entsprechende Methode an?"[191] In diesem Zusammenhang kommt aber auch dem bereits zitierten Hinweis von Michael Kotsch besondere Bedeutung zu, wonach es Verfahren gibt, die zwar von sich meinen, übernatürliche Kräfte zu nutzen, in Wirklichkeit aber auf natürlichen, (natur-)wissenschaftlich zu ermittelnden Gegebenheiten beruhen[192]. Denn damit wird nicht nur fraglich, ob der Heilmagnetismus eines Mesmer wirklich dasselbe ist wie die Hypnotherapie nach Milton Erickson. Damit fällt auch Franzkes Argumentation dahin, derzufolge der bekannte schwedische Theosoph "Swedenborg selbst berichtet, dass der Zustand zwischen Wachen und Schla-

---

[190] Ottfried Windecker, Die charismatische Bewegung aus biblischer Sicht. Vortrag beim Mediziner-Kongress im Oktober 2003, www.cdkev.de/aufsaetze_vortraege/windecker/charismatik/charismatik.htm

[191] Wolfgang Vreemann, a.a.O., S. 53

[192] Michael Kotsch, a.a.O., S. 86

fen, den die Entspannungstechniken anstreben, die Tür zur anderen, unsichtbaren Welt öffnet"[193]. Weil diese Überlegungen die Frage nahelegen, welche Entspannungstechniken Emanuel Swedenborg (1688-1772) wohl kannte? Das Autogene Training nach Schulz wurde jedenfalls erst in den zwanziger Jahren des 20. Jahrhunderts entwickelt. Diese Überlegungen lassen aber auch - noch einmal gegen Franzke[194] - deutlich werden, dass durch Hyper- bzw. Hypoventilation hervorgerufene Verhaltensweisen ihre Ursache in einer Übersättigung des Gehirns mit Sauerstoff bzw. mit einem Sauerstoffmangel im Gehirn haben und nicht in Göttern oder Geistern, die in den Leib einfahren und die Kontrolle übernehmen.

Daran ändert sich auch dadurch nichts, dass diese Verfahren immer wieder mit diesem Anspruch eingesetzt werden. Als Entspannungsverfahren sind die entsprechenden Übungen bzw. die jeweiligen psychotherapeutische Interventionen deshalb ein rein diesseitiges Geschäft. Von daher gebe ich zuletzt Els Nannen recht, wenn sie schreibt: "Im Licht der Ewigkeit hat keine einzige der Psychotherapien Erfolg."[195] Denn alle psychotherapeutischen Ziele sind vergängliche Ziele. Aber sind sie deswegen auch schon "unvereinbar mit dem biblischen Ziel: Jesus Christus bzw. Rettung oder Heiligung in Ihm (Apg. 4,12; Kol. 1,28-29)"[196]? Nannen erläutert: "Die Psychotherapie, auch in der Psychiatrie, vermag nichts Göttlich-Neues zu schaffen. Sie kann nur an der alten Natur herumflicken. Und das ist etwas, was ein Kind Gottes am Mitmenschen nicht tun sollte (Röm.

---

[193] Reinhard Franzke, a.a.O., S. 22
[194] a.a.O., S. 30
[195] Els Nannen, Irrwege der Psychotherapie, in: Carsten Evers, a.a.O., S. 129
[196] a.a.O., S. 127

8,3.6-8; Hebr. 2,1-3)."[197] Diese Sicht lässt sich mit den hier an-
gegebenen Bibelstellen freilich nicht belegen. Denn wollten
wir uns tatsächlich auf unmittelbare Hilfen zum ewigen Leben
beschränken, dann dürften wir auch keine Hungernden mehr
speisen, keine Nackten mehr kleiden und keine Verwundeten
mehr verbinden. Und dann müssten wir beispielsweise der
Christoffel-Blinden-Mission dringend nahelegen, ihre Arbeit
grundlegend zu überdenken. Immerhin heißt es in der Schrift,
dass es besser ist, einäugig in das Reich Gottes einzugehen als
mit zwei Augen in die Hölle geworfen zu werden (Mk 9,47)!

Zusammenfassung und Ausblick

Im Blick auf die von mir herangezogenen „christlichen", von
entschiedenen Christen verfassten Texte zum Thema stelle ich
fest: Die darin vorgelegten Entwürfe einer biblischen Psychologie überzeugen mich nicht. Denn sie beruhen zwar auf ein
und demselben Schriftverständnis; alle von mir herangezogenen Autoren bekennen sich ausdrücklich zur Irrtumslosigkeit
und Unfehlbarkeit der Heiligen Schrift. Aber in ihren Sachaus-
sagen stimmen sie nicht miteinander überein. (1) So stellt Horst
W. Beck die Einheit und Ganzheit des Menschen als grundlegend heraus, während Roland Antholzer sich für eine dichotome Sicht des Menschen entscheidet; von ihm stammt im übrigen der Hinweis, dass auf der Grundlage desselben Schriftver-
ständnisses auch eine trichotome Sicht des Menschen vertreten
wird. (2) Anders als Beck und Antholzer verneinen Els Nannen
und Reinhard Franzke die Existenz eines Unbewussten bzw.
Unterbewussten. (3) Dessen ungeachtet sind sich Beck und

---

[197] a.a.O., S. 206

Antholzer aber auch in dieser Frage nicht wirklich einig. Sieht Beck im unbewussten Unterbewussten die entscheidende Kampfarena um das Seelenheil des Menschen, stellt für Antholzer der menschliche Verstand das eigentliche Kampffeld unsichtbarer Mächte dar. Mit dieser Beobachtung stelle ich die Bindung der genannten Autoren an die Schrift nicht etwa in Frage. Sondern ich mache darauf aufmerksam, dass Gott uns in der Bibel nicht den Aufbau und die Grundstruktur der menschlichen Persönlichkeit offenbart, sondern sich selbst. Das heißt: Die Bibel will gar keine Aussagen zur Psychologie machen. Wer sie dennoch unter dieser Fragestellung liest, kämmt sie gegen den Strich. Jeder Versuch, ihr auf diese Weise Aussagen abzutrotzen, führt unweigerlich dazu, die eigenen Vorentscheidungen in die Bibel hineinzulesen. In diesem Sinne sind auch die auf diesen Seiten angesprochenen Autoren in ihrem Forschen von eigenen Interessen und Wertvorstellungen geleitet, die außerhalb der Schrift liegen.

Dankbar nehme ich an dieser Stelle die Kritik von Markus Sigloch und Walter Rominger zunächst am Kreationismus auf. Denn der Kreationismus hat in gewisser Weise als das Vorbild der biblischen Psychologie zu gelten: Diese wird nach demselben Bauplan, auf dieselbe Art und Weise konstruiert wie jener, so dass jede Kritik an ihm auch sie betrifft. Dreh- und Angelpunkt dieser Kritik ist der von außerbiblischen Interessen und Wertvorstellungen geleitete Schriftgebrauch. So urteilt zunächst Sigloch: „Das Kennzeichen des Kreationismus ist es, den bedenklichen Versuch zu unternehmen, ihre Theorie des 'intelligenten Weltdesigns' gerade mit Hilfe jener Methoden beweisen zu wollen, die ihre Gegner anwenden und den Schöpfer leugnen."[198] Rominger präzisiert: „Die Vorgehensweise des Kreationismus ist die, einen ausgemachten Rationalismus mit - ob dies nun bewusst ist oder nicht - Rationalismus zu bekämpfen."[199] Mit einer deutlich anti-fundamentalistischen Spitze heißt es von daher bei Sigloch zuletzt: „Nur der Glaube vermag den gefallenen Menschen zu retten, kein noch so entschiedener Griff zur Frucht am Baum der Erkenntnis."[200] Darin eingeschlossen ist eine ebenso deutliche Absage an den wissenschaftlichen Lehrbuchcharakter der Bibel.

Auf der anderen Seite haben die Verfechter einer biblischen Psychologie natürlich recht: Die Bibel spricht nicht nur zu uns, sie spricht auch über uns - über Herkunft und Zukunft des Menschen, über Schöpfung, Fall und Erlösung. Dabei zeigt uns die Bibel ganz deutlich, dass die Folgen des Falls den ganzen Menschen betreffen; nicht eine seiner Fähigkeiten ist davon ausgenommen, auch seine Vernunft, auch sein analytisch-logisches Denkvermögen nicht. Damit wehrt die Schrift einerseits eine moralisierende Verflachung des Sündenbegriffs und einen darin begründeten überzogenen anthropologischen Pessimismus ab. Mehr noch, in diesem Interesse erinnert sie uns ausdrücklich daran, dass sogar die Bösen immerhin noch so gut sind, dass sie ihren Kindern keine Steine statt Brot, keine Schlangen statt Fische und keine Skorpione statt Eier (Lk 11,11-13) geben[201]. Und damit weist sie andererseits das Miss-

---

[198] Markus Sigloch, Am Anfang schuf Gott Himmel und Erde, in: Informationsbrief der Bekenntnisbewegung „Kein anderes Evangelium" Nr. 249, August 2008, S. 6

[199] Walter Rominger, Kreationismus, in: Informationsbrief der Bekenntnisbewegung „Kein anderes Evangelium" Nr. 249, August 2008, S. 11

[200] Markus Sigloch, a.a.O., S. 9

[201] In diesem Sinne ist es also durchaus möglich, dass auch ein „schlechter Baum" gute Früchte trägt! Ich sage das deshalb so nachdrücklich, weil

verständnis ab, als könnten wir sie ohne den Heiligen Geist, allein mit Hilfe unseres Verstandes verstehen, gerade so als wäre der Glaube wesentlich ein Fürwahrhalten von Glaubenssätzen und nicht Vertrauen, und also intellektuelle Leistung und nicht Hinwendung zu Gott - in der Art, wie ein Kind sich seinem Vater zuwendet.

Damit will ich jetzt die Vernunft nicht etwa kleiner machen als sie ist. Ich will aber daran erinnern, wie klein sie ist: Nach dem Zeugnis der Schrift erkennt sie selbst die Welt als Schöpfung erst, wenn der Glaube hinzutritt (Hebr 11,3). Mit anderen Worten: Die Vernunft ist nicht nur blind für Gott und für Sein Wort, sondern auch für Seine Werke. Verzichten wir deshalb darauf, im natürlichen Licht der Vernunft erkennen zu wollen, was sich nur im Licht der Gnade zeigt. Damit überwinden wir nicht nur ein falsches Offenbarungsverständnis, wonach Gott sich nicht etwa an den ganzen Menschen, sondern lediglich an das Denken und Wollen des Menschen wendet. Damit räumen wir zugleich ein ernstzunehmendes Glaubenshindernis aus dem Weg, das eine 18jährige Schülerin in die Worte gefasst hat, „man lässt nichts mehr dran an dem, was den Glauben ausmacht. Da wird nichts mehr geglaubt, nur noch verstanden und eingesehen."[202] Deshalb noch einmal: Akzeptieren wir unsere

---

eine inhaltliche Auseinandersetzung mit von Nichtchristen vorgetragenen Überlegungen immer wieder durch einen Hinweis auf Mt 7, 16-20 ersetzt wird. Dabei wird der Zusammenhang ausgeblendet und damit übersehen, dass hier von falschen Propheten (v. 15) die Rede ist, die sich selbst als Teil des Gottesvolkes sehen und „Herr, Herr!" zu Ihm sagen (v. 21). Was sie zu „schlechten Bäumen" macht, ist deshalb ganz sicher nicht ein offensiv vertretener Atheismus, Agnostizismus o.ä. Wer diese Schriftstelle dennoch in das Gespräch mit bzw. in diesem Falle über Andersgläubige und Andersdenkende einbringt, missbraucht sie.

[202] Gisela Graichen, Die neue Hexen. Gespräche mit Hexen. München 1999, S. 142

Vernunft in ihrer Blindheit für Gott, und respektieren wir ihre diesbezüglichen Grenzen. Stören wir uns nicht daran, dass von daher alle Betätigung der Vernunft - und das meint nicht zuletzt: alle Wissenschaft - notwendig atheistisch ist. Sondern bestehen wir darauf. Denn wo die Vernunft diese Genzen übersteigt, werden ihre Erzeugnisse zur Ideologie, zum Afterglauben, zu Verdummung und Verführung.

Dabei ist der Mensch in seinem Erleben und Verhalten (das ist: in seiner Psyche) ein ebenso legitimer Forschungsgegenstand wie in seiner Körperlichkeit; hier gibt es keinen Unterschied. Dasselbe gilt für die auf dieser Grundlage erarbeiteten therapeutischen Interventionen, seien sie nun physiotherapeutischer oder psychotherapeutischer Art. Denn in biblischer Sicht ist der Mensch Einheit und Ganzheit vor Gott; sein Körper ist nicht gottferner als sein Geist. Das ist das eine. Und das andere ist - und da haben die hier referierten Kritiker einer Integration von Psychotherapie und Seelsorge recht, auch wenn sie eine bis in einzelne gehende Auseinandersetzung bislang nur mit der Psychoanalyse Freuds und der analytischen Psychologie Jungs vorgelegt haben; entsprechende Untersuchungen zur Verhaltens- und zur humanistischen Psychologie fehlen noch: Als Systeme, als Schulen sind diese Ansätze in der Tat ideologisierte Wissenschaft. Daran ist im Sinne einer Unterscheidung der Geister unbedingt festzuhalten. Festzuhalten ist aber auch, dass die Wirkungsforschung gezeigt hat, dass es nicht das System, der theoretische Rahmen, die im Hintergrund stehenden Grundannahmen sind, die wirken, sondern die einzelnen Interventionen, die - wie gezeigt - unter verschiedenen Namen in verschiedenen Systemen in gleicher Weise zur Anwendung kommen. Anders als die hier zitierten Autoren sehe ich darin jedoch keine Gefahren. Denn anders als sie verwerfe ich die

Auffassung, als könne und müsse der Christ sich selbst vor dämonischer Einflussnahme schützen und sei dabei auf sein rational-logisches, analytisches Bewusstsein und auf seine Selbstkontrolle angewiesen. In den Bannkreis dämonischer Mächte gerate ich als Kind Gottes nur wissentlich - und wichtiger noch - willentlich. Mit anderen Worten: Nicht der Zustand zwischen Wachen und Schlafen öffnet die Tür zur unsichtbaren Welt, denn dann wären wir längst alle Gefangene dieser Welt. Weil wir diesen Zustand alle in der Regel mehrmals täglich durchlaufen. Und auch jene Trance tut das nicht, die ich zum Beispiel vom U-Bahn-Fahren her kenne. Wenn mir plötzlich deutlich wird, dass ich eine Station „verschlafen" habe - dass ich nicht gemerkt habe, wie der Zug einfuhr, die Türen sich öffneten, Leute aus- und einstiegen, der Ruf „Zurückbleiben bitte!" ertönte, die Türen sich wieder schlossen und der Zug abfuhr. Weil ich sozusagen mit offenen Augen geträumt habe. Besser: Weil meine Aufmerksamkeit statt nach aussen nach innen gerichtet war.

Genau darum geht es aber auch bei den Entspannungsübungen: Dass ich zu mir komme. Was - leider - nicht immer ganz so einfach ist wie in dem o.g. Beispiel. Oft genug bin ich auch so stark beansprucht, so angespannt, dass ich mich kaum lösen kann. Dann kann ich das durch die progressive Muskelentspannung nach Jacobson erreichen. Das kann aber auch mit Hilfe des Autogenen Trainings nach Schulz geschehen. Magisch ist weder das eine noch das andere. Diese Feststellung wird auch dadurch nicht unterlaufen, dass diese Verfahren von interessierter Seite immer wieder als solche angeboten bzw. in Anspruch genommen werden. Denn mit dem Fliegenpilz verhält es sich auch nicht anders. Auch er hat seinen festen Platz in den entsprechenden Ritualen der Schamanen - und führt bei entsprechender Dosierung (eine zu hohe Dosierung kann tödlich sein) doch „nur" zu Vergiftungserscheinungen. Ich betone deshalb noch einmal: Die Wirkungsweise dieser Verfahren ist eine rein diesseitige.

Aber das ist nur die eine Hälfte der Wahrheit. Die andere Hälfte ist nicht in den Verfahren selbst begründet, sondern in der Einstellung, mit der sie angewandt, und in den Erwartungen, die mit ihnen verbunden werden. Insofern ist ihre Wirkungsweise zugleich eine rein geistliche. Denn zuletzt geht es bei all diesen Interventionen - die angeführten Entspannungsverfahren stehen nur als Beispiele für die ganze Palette therapeutischer Interventionen - um die Unterstützung der gottgegebenen Selbstheilungskräfte nicht nur des Körpers, sondern des ganzen Menschen. Denn nicht sein Körper, nicht seine Psyche ist krank, der ganze Mensch ist es. Die körperlichen Leiden, die psychisch beeinträchtigen, und die psychosomatischen Leiden, die psychisch (mit-)verursacht sind, machen das deutlich genug. Das zeigen aber auch die traditionell (und im Anschluss an diese überholte Auffassung auch in der hier dargestellten Literatur) als psychogene Störungen bezeichneten Leiden wie Angst- und Zwangserkrankungen, die heute erfolgreich medikamentös, mit Antidepressiva, behandelt werden.

Diese therapeutischen Interventionen sind für Christen deshalb unbedenklich und können von ihnen gegebenenfalls in Anspruch genommen werden. Das ist darum wichtig, weil sie zwar nicht von dieser Welt, aber immer noch in dieser Welt sind, und deswegen nicht weniger von psychischen bzw. psychosomatischen Beschwerden betroffen sind wie Nichtchristen. Und das nicht erst seit heute! Ich erinnere noch einmal an das Magenleiden des Timotheus und mache damit zugleich deutlich, dass ein an einer entsprechenden Störung leidender Christ deswegen kein schlechterer Christ ist. Und: Diese therapeutischen Interventionen können deshalb auch von Christen angeboten werden. Das ist darum wichtig, weil diese Interventionen, so wirksam sie einerseits losgelöst von jedem theoretischen Rahmen sind, andererseits doch nicht isoliert für sich stehen können. „Immer mehr Menschen sind enttäuscht von den langatmigen Selbstgesprächen beim Analytiker, den süßen Worten der Humanisten und den Stufenplänen der Verhaltenstherapeuten. Sie sehnen sich nach einem letzten Sinn des Lebens, nach Energiequellen jenseits ihres begrenzten Daseins."[203] Deshalb gehören diese Interventionen für mich in den weiteren Zusammenhang einer wertorientierten Lebensberatung, die an den Zehn Geboten ausgerichtet ist – und nicht an den zehn Verboten, die die nachchristliche Postmoderne in trauter Übereinstimmung mit weiten Teilen der Tradition daraus macht. Denn wirklich zu verstehen sind sie nur als die Gebrauchsanleitung des Schöpfers für sein Geschöpf, und darum als die zehn Freiheiten. In diesem Sinne erschließen sie sich sogar denen, die nicht glauben – etwa, wenn Jesus sie in einem Satz zusammenfasst, der fast schon als Sprichwort zu gelten hat: „Alles nun, was ihr wollt, dass euch die Leute tun sollen, das tut ihnen auch!" (Mt 7, 12) Oder wenn er dazu auffordert, Gott über alles und den anderen wie sich selbst zu lieben, und damit darauf hinweist, dass nur ein Leben gelingt, das nicht um sich selbst kreist. Das macht aus diesen Interventionen natürlich noch keine unmittelbare Hilfe zum ewigen Leben. Das haben sie mit dem Verbinden des Verletzten gemeinsam. Und doch ist uns das ausdrücklich geboten. Weil ein solches Verhalten dem Wert des im Bilde Gottes geschaffenen

---

[203] Samuel Pfeifer, Die Schwachen tragen. Psychische Erkrankungen und biblische Seelsorge. Basel 2005 (5. Aufl.), S. 37

Menschen gerecht wird. Und weil es von daher zugleich eine Einladung, eine Ermutigung nicht nur zum Leben vor dem Tod sein kann.

Literaturverzeichnis

Antholzer, Roland, Biblisch-therapeutische Seelsorge (BTS). Nachdruck aus "Bibel und Gemeinde" 1998 – 1/2. Hammerbrücke 2003
ders., Charismatische Seelsorge am Beispiel von IGNIS, Info Spezial Nr. 26/2002
ders., Mächte der Bosheit. Okkultbedrohung und Seelsorge. Berneck 1998 (2. Aufl.)
Beck, Horst W., Gruppenpsychotechnik. Von der Hoffnung, sich selbst und andere zu befreien. Eine theologische Anfrage mit einer biblischen Orientierung zur Lage von Hellmuth Frey. Wuppertal 1978
ders., Die Vokabel „Gott" ist soviel wie „bla-bla-bla". 50 Jahre an der Front von Glaube und Wissenschaft. Biografische Notizen (2005); www.institut-diakrisis.de/biogr97_05e.pdf
Berger, Klaus, Sigmund Freud – Vergewaltigung der Seele. Berneck 1988 (3. Aufl.)
Blatter, Kurt, Wirkung und Absicht von Yoga, autogenem Training und Gruppendynamik. Nachdruck aus "Bibel und Gemeinde" 1983-1. Hammerbrücke 2006
Daxelmüller, Zauberpraktiken. Die Ideengeschichte der Magie. Düsseldorf 2005
Dieterich, Michael, (Hg.), Biblisch-therapeutische Seelsorge. BTS. Entstehungsgeschichte, Grundlagen und

praktische Einsatzmöglichkeiten einer Seelsorge für
Menschen unserer Tage, Nenzingen 1993 (2. Aufl.)
ders., Psychologie contra Seelsorge? Hilfestellung für
die christliche Gemeinde. Neuhausen 1985 (2. Aufl.)
ders., Wir brauchen Entspannung. Streß, Verspannungen, Schlafstörungen – und was man dagegen tun kann.
Gießen 1990 (3. Aufl.)
Doering-Manteuffel, Sabine, Das Okkulte. Eine Erfolgsgeschichte im Schatten der Aufklärung von Gutenberg bis
zum World Wide Web. München 2008
Evers, Carsten (Hg.), Die Psychologisierung der Gemeinde.
Hamburg o.J.
Franzke, Reinhard, Entspannungstechniken – Anti-Stress-Programme oder Magie? (Reihe Aufklärung der Arbeitsgemeinschaft für religiöse Fragen (A.R.F.) Band 37).
Lage 2005 (3. Aufl.)
ders., Psychotherapien – Hilfen der Seelsorge oder
Werkzeuge des Okkultismus? (Reihe Aufklärung der
Arbeitsgemeinschaft für religiöse Fragen (A.R.F.) Band
47). Lage 2005 (2. Aufl.)
Gassmann, Lothar, Gruppendynamik. Hintergründe und Beurteilung (Tagesfragen, Bd. 5). Neuhausen 1984
ders. (Hg.), Gefahr für die Seele. Seelsorge zwischen
Selbstverwirklichung und Christuswirklichkeit. (Tagesfragen, Bd. 30). Neuhausen 1986
ders. (Hg.), Handbuch Orientierung: Religionen, Kirchen, Sekten, Weltanschauungen, Esoterik. www.bible-
only.org/german/handbuch
Görres, Albert, Kennt die Psychologie den Menschen? Fragen
zwischen Psychotherapie, Anthropologie und Christentum. München 1978

Graichen, Gisela, Die neuen Hexen. Gespräche mit Hexen. München 1999

Hainbuch, Friedrich, Muskelentspannung nach Jacobson, München 2004

Haller, Gret, Die Grenzen der Solidarität. Europa und die USA im Umgang mit Staat, Nation und Religion, Berlin 2003 (4. Aufl.)

Heide, Martin, Irrwege des Heils. Asslar 1990 (5., erw., überarb. Aufl.)

Hellenschmidt, Hansfrieder (Hg.), Wider sie Psychohäresie in der Seelsorge. Referate von dem ersten Psychologie-Kongress der Bekenntnisbewegung "Kein anderes Evangelium", 04.-05. Februar 2000, Gießen (Info spezial Nr. 10/2000)

Hoffmann, Thomas Sören, Das „Geschäft des ewigen Lebens". Zum Verhältnis von Glauben, Wissen und Seelsorge, in: Bekenntnisbewegung „Kein anderes Evangelium", Info spezial Nr. 16/2001

Hofmann, Horst-Klaus, Psychonautik stop. Kritik an der „Gruppendynamik" in Kirche und Gemeinde. (Eine Veröffentlichung des Instituts für Jugend und Gesellschaft, Bensheim). Wuppertal 1977

Humbert, Martin, Ist der Mensch noch frei? Wie die Hirnforschung unser Menschenbild verändert. Düsseldorf 2006

König, Reinhard, Sanfte Heilverfahren. Geistige Heilung, Akupunktur, Homöopathie, Irisdiagnostik, Pendeln und Wünschelrute, Chiropraktik u.a. Neuhausen 1988 (2., erw. Aufl.)

Kotsch, Michael, Moderne Medizin und Ethik. Bd. 1: Krankheit und Bibel. Alternative Heilmethoden. Akupunktur. Gentechnik. Lage 2007

Kropf, Mathias, Alternative Heilmethoden. Ein Arzt berichtet.
4., überarb. Aufl. mit Erläuterungen zum biblischen
Heilsweg, zur Proklamation des Wortes, zum Heilungsgebet und zu Tipps aus der Naturheilkunde bei bestimmten Erkrankungen, zur gesunden Ernährung auf
biblischer Grundlage und vielen Beispielen nicht okkulter Behandlungen. Karlsruhe 2004
Küenzlen, Gottfried, Die Wiederkehr der Religion. Lage und
Schicksal in der säkularen Moderne. München 2003
Margies, Wolfhard, Heilung durch sein Wort. Teil 1: Der Verzicht auf Psychotherapie. Teil 2: Die geistliche Behandlung seelischer und körperlicher Krankheiten. Urbach
1978 (2. Aufl.)
Maxwell-Stuart, P. G., Hexen. Wahn und Wirklichkeit von der
Antike bis heute. Essen 2003
Nannen, Els, C. G. Jung, der getriebene Visionär. Bielefeld
2003
ders., Selbstliebe und Selbstannahme? Kritische Betrachtungen anhand der Bibel. Nachdruck aus "Bibel
und Gemeinde" 1985-4. Hammerbrücke 2004
Nestvogel, Wolfgang / Manfred Weise (Hg.), Heil oder Heilung? Dienst an Kranken im 21. Jahrhundert. Oerlinghausen 2007
ders., Die Heilung des ganzen Menschen. Vortrag beim
Mediziner-Kongress im Oktober 2003. www.cdkev.de/
aufsaetze_vortraege/nestvogel/heilung/heilung.htm
Packard, Vance, Die große Versuchung. Der Eingriff in Leib
und Seele. Düsseldorf 1978
Pfeifer, Samuel, Die Schwachen tragen. Psychische Erkrankungen und biblische Seelsorge. Basel 2005 (5. Aufl.)
ders., Gesundheit um jeden Preis? Alternative Medizin
und christlicher Glaube. Basel 2004 (13. Aufl.)

Platte, Eberhard, Einführung in die biblische Seelsorge. Psychotherapie und/oder biblische Seelsorge? Wuppertal 2003

Rominger, Walter, Kreationismus, in: Informationsbrief der Bekenntnisbewegung „Kein anderes Evangelium" 249, August 2008, S. 9-11

Schäller, Manfred, Der Christ zwischen Medizin und Paramedizin. Mit einer Stellungnahme zu dem Taschenbuch: Die Homöopathie und ihre religiösen Gegner im Blickwinkel medizinischen Wissens und christlichen Glaubens. Hammerbrücke 2006

Scheerer, Reinhard, Bekennende Christen in den Evangelischen Kirchen Deutschlands 1966-1991. Geschichte und Gestalt eines konservativ-evangelikalen Aufbruchs. Frankfurt/Main 1997

Schirrmacher, Thomas / Roland Antholzer, Was hilft wirklich? Biblische Seelsorge contra Psychotherapie. Berneck 2001, 4., überarb. Aufl.

Schöne, Jobst, Botschafter an Christi Statt. Versuche. Gr. Ösingen 1996

Schütz, Peter / Siegrid Schneider-Sommer / Brigitte Gross / Helmut Jelem / Yvonne Brandstetter-Halberstadt, Theorie und Praxis der Neuro-Linguistischen Psychotherapie (NLPt). Das wissenschaftliche Fundament für die Europa-Anerkennung von NLPt. Paderborn 2001

Schweer, Thomas, Die Heilsversprecher. Der Kampf der Sekten um die Seelen. München 1996

Schwengeler, Bruno, Wenn die Seele schmerzt..., Berneck 1998

Sigloch, Markus, Am Anfang schuf Gott Himmel und Erde, in: Informationsbrief der Bekenntnisbewegung „Kein anderes Evangelium" 249, August 2008, S. 5-9

Slenczka, Reinhard, Seelsorge unter Gesetz und Evangelium. Vortrag vom Kongress der Bekenntnisbewegung "Kein anderes Evangelium" am 16./17. März 2001 in Gießen, "Seelsorge und Verkündigung". Perspektiven einer biblischen Seelsorgepraxis im Dienst der Gemeinde Jesu Christi (Info spezial Nr. 15/2001)

Stark, Rodney, Der Aufstieg des Christentums. Neue Erkenntnisse aus soziologischer Sicht. Weinheim 1997

Vreemann, Wolfgang, Was hilft, was heilt? Ein Arzt beantwortet Fragen zur alternativen Medizin.Wuppertal 2000 (2. Aufl.)

Weg und Zeugnis. Bekennende Gemeinschaften im gegenwärtigen Kirchenkampf 1965-1980. Herausgegeben aus Anlass des 10jährigen Bestehens der Konferenz Bekennender Gemeinschaften in den evangelischen Kirchen Deutschlands von Rudolf Bäumer, Peter Beyerhaus und Fritz Grünzweig. Bad Liebenzell 1980

Weise, Manfred, Heilung durch kosmische Energie? Alternativmedizin im Licht der Bibel, Wuppertal 2006

Windecker, Ottfried, Die charismatische Bewegung aus biblischer Sicht. Vortrag beim Mediziner-Kongress im Oktober 2003. www.cdkev.de/aufsaetze_vortraege/ windecker/charismatik/charismatik.htm

Zopf, Regine, Maria – Engel der Liebe. Band 1: Die Lehre einer neuen Spiritualität. Scharnhorst 2000

Internetadressen:

Akademie für reformatorische Theologie, Hannover, www.reformatio.de

Arbeitsgemeinschaft Weltanschauungsfragen, Schacht-Audorf, www.agwelt.de

Arbeitskreis für evangelikale Theologie in Verbindung mit der Deutschen Evangelischen Allianz, Tübingen, www.afet.de

Bekennende evangelische Gemeinde Hannover, www.beg-hannover.de

Bekenntnisbewegung „Kein anderes Evangelium", Uttenweiler, www.keinanderesevangelium.de

Bibelbund, Berlin, www.bibelbund.de

Bibelschule Brake, Lemgo, www.bibelschule-brake.de

Biblischer Missionsdienst, Lichtenstein-Unterhausen, www.bmdonline.de

Christen im Dienst an Kranken, Bad Bramstedt, www.cdkev.de

Deutsche Gemeinde-Mission, Rasdorf, www.gemeinde-mission.de

Deutsches Institut für Jugend und Gesellschaft, Reichelsheim, www.dijg.de

Evangelische Marienschwesternschaft Deutschland, Darmstadt, www.kanaan.org/germany

Freie Theologische Hochschule Gießen, www.fthgiessen.de

Gassmann, Lothar, www.l-gassmann.de

Gemeindeorientierte Initiative für biblische Beratung, Sulzberg, www.gibb.info

Institut Diakrisis, Gomaringen, www.institut-diakrisis.de

Karl-Heim-Gesellschaft, Berlin, www.karl-heim-gesellschaft.de

Konferenz für Gemeindegründung, Hünfeld, www.kfg.org

Ludwig-Hofacker-Vereinigung, Korntal-Münchingen, www.ludwig-hofacker-vereinigung.de

Offensive junger Christen. Kommunität in der evangelischen Kirche, Reichelsheim, www.ojc.de

Studiengemeinschaft Wort und Wissen, Baiersbronn, www.wort-und-wissen.de